ミラクルハッピー はじめてのお料理レシピ デラックス DX

レシピ ♥ ほりえさちこ・大瀬由生子

西東社

もくじ

- この本のみかた……7
- **マンガ**「お料理できるようになりたい！」……8
  - ＊身だしなみチェック……9
  - ＊きほんの調理道具……10
  - ＊きほんの調味料……11
  - ＊材料のはかり方……12
  - ＊包丁の使い方……13
  - ＊火加減のめやす……14

パート1 みんな大好き！人気メニュートップ10

- 豚肉のしょうが焼き……18
- チーズのっけハンバーグ……20
  - アレンジ1 ミートボール……24
  - アレンジ2 煮込みハンバーグ……26
  - アレンジ3 ロコモコ丼……28
  - アレンジ4 和風ハンバーグ……29
- こくうまカレーライス……30
  - アレンジ1 チーズ焼きカレー……34
  - アレンジ2 タルタルカレートースト……36
  - アレンジ3 カレーうどん……37
- ジューシーからあげ……38
  - ♥揚げ油の温度の見きわめ方……41
  - アレンジ1 チーズからあげ……42
  - アレンジ2 青のりからあげ……43
  - アレンジ3 ごまからあげ……43
- アレンジ4 からあげ卵とじ丼……44
- ふわふわオムライス……46
  - アレンジ1 とろとろオムライス……50
  - アレンジ2 カレーオムライス……52
  - アレンジ3 オムライスホワイトソースがけ……53
- コロコロ手まりずし……54
  - ♥おいしいお米の炊き方……57
  - アレンジ1 キャンディ巻きずし……58
  - アレンジ2 細巻きずし……60
  - アレンジ3 カップずし……61

パリパリ羽つきギョーザ …62
- アレンジ1 えびギョーザ …66
- アレンジ2 ハムマヨコーン …67
- アレンジ3 枝豆チーズ …67
- アレンジ4 ギョーザの包み方バリエーション …67

サーモンのホイル焼き …68
- アレンジ1 サーモンのピザ風ホイル焼き …71
- アレンジ2 豚肉とアスパラガスのバターホイル焼き …71

ミートソーススパゲッティ …72
- アレンジ1 ミートドリア …76

照り焼きチキン …78
- アレンジ1 ぶりの照り焼き …80
- アレンジ2 照り焼きハンバーグ …81

フライパン de マカロニグラタン …82

みんな大好き！ 卵レシピ
- スクランブルエッグ …86
- ベーコンエッグ …87
- 味玉 …88
- 茶わん蒸し …89
- だし入り卵焼き …90

パート2 どっちが好き？ 定番料理対決！

野菜炒め …94

鶏肉料理対決
- ★タンドリー風チキングリル …96
- ★ささみのピカタ …97

まぐろ料理対決
- ★まぐろアボカド丼 …102
- ★かじきのムニエル …103

ひき肉料理対決
- ★鶏つくね …108
- ★タコライス …109

豆腐料理対決
- ★豆腐ステーキ …114
- ★マイルドマーボー豆腐 …115

巻き巻きおかず対決
- ★きのこの豚肉巻き …120
- ★アスパラベーコン巻き …121

丼もの対決
- ★つゆだく牛丼 …126
- ★とろとろ親子丼 …127

ごはんもの対決
- ★ 五目炊き込みごはん ……… 132
- ★ ぱらぱらチャーハン ………… 133

スパゲッティ対決
- ★ たらこスパゲッティ ………… 138
- ★ しめじのクリームスパゲッティ ……………………… 139

サンドイッチ対決
- ★ ミックスサンドイッチ ……… 144
- ★ ホットドッグ ………………… 145

クリーミー料理対決
- ★ ほっこりクリームシチュー … 150
- ★ じゃがいものクリームグラタン ……………………… 151

具だくさんスープ対決
- ★ とん汁 ……………………… 156
- ★ かんたんポトフ ……………… 157
- ♥ みそ汁をおいしくつくろう！ … 160
  豆腐とわかめのみそ汁
  大根と油揚げのみそ汁
  じゃがいもと玉ねぎのみそ汁

甘いパン対決
- ★ ふわふわフレンチトースト … 162
- ★ フルーツパンケーキ ………… 163

パート3 パッとつくれる！
野菜の小さなおかず

にんじんのグラッセ ……… 170

にんじん ……………………… 172
にんじんサラダ／にんじんしりしり

ほうれんそう ………………… 174
ほうれんそうソテー
ほうれんそうのごまあえ

トマト ………………………… 176
トマトのバターソテー
トマトサルサ
トマトチーズ焼き

ブロッコリー ………………… 178
ブロッコリーのガーリック炒め
ブロッコリーのカレーマヨあえ
ブロッコリーチーズ焼き

もやし ………………………… 180
もやしスープ／もやしのナムル
もやしサラダ

きゅうり ……………………… 182
きゅうりとわかめの酢のもの
きゅうりの浅づけ／きゅうりバー

キャベツ …… 184
- コールスロー
- キャベツの塩昆布あえ
- やみつきキャベツ

大根 …… 186
- 大根もち／大根ステーキ
- 大根と油揚げの煮もの

なす …… 188
- なす田楽／なすの甘辛炒め
- レンジ蒸しなす

玉ねぎ …… 190
- 丸ごと玉ねぎのスープ
- 玉ねぎのマリネ
- 玉ねぎのおかかあえ

さつまいも …… 192
- 大学いも／さつまいものレモン煮
- さつまいものきんぴら

かぼちゃ …… 194
- かぼちゃの焼きコロッケ
- かぼちゃの甘煮／かぼちゃサラダ

じゃがいも …… 196
- 揚げニョッキ／レンジじゃがバター
- ツナポテト

れんこん …… 198
- れんこんのきんぴら
- れんこんとツナのサラダ

あったかもう1品！

かんたんスープ

- ミネストローネ …… 200
- 中華卵スープ …… 202
- コーンクリームスープ …… 204
- レタスと落とし卵のスープ …… 205

パート4　お友だちといっしょに食べたい！
おうちでパーティーメニュー

フライドポテト …… 208

クリスマスパーティーセット …… 210
- らくらくえびピラフ
- 骨つき照り焼きチキン
- マッシュポテトツリー

ハロウィンパーティー …… 216
- かぼちゃパイ／クラムチャウダー

バースデーパーティーメニュー …… 222
- カラフルピンチョス
- ビーフストロガノフ

♥味かえフレーバー …… 225
- 青のりフレーバー／チーズフレーバー
- カレーフレーバー

たこ焼きパーティー！ …228
たこ焼き／プチアメリカンドッグ

ワイワイ鍋パーティー！ …234
くるくる肉巻き鍋
さけとコーンの豆乳鍋

みんなでピクニック！ …238
カレー風味からあげ
スティックおにぎり
かにかま卵焼き

スナップえんどうのチーズあえ
梅きゅうり

ぷるるんゼリー3種 …244
グレープフルーツゼリー
オレンジゼリー
みかんカルピスゼリー

マンガ「お料理って楽しい！ みんなハッピー！」…248

みんなのギモンにお答えします！ お料理Q&A …250

料理じょうずへの第一歩 切り方マスター …252

この本のきまり

* この本で使った計量スプーンは、大さじ1が15ml、小さじ1が5mlです。
* 卵は何も書かれていない場合は、Mサイズの新鮮なものを使っています。
* 電子レンジは600Wのものを使用しました。W数が大きい電子レンジを使う場合は、加熱時間を短めにして、ようすを見ながら調整してください。
* オーブントースターは1000Wのものを使用しました。W数が違うトースターを使う場合は、ようすを見ながら加熱時間を調整してください。
* レベルや調理時間は、おおよそのめやすです。つくる人によっても違いがあります。調理時間には、ごはんを炊く時間やゼリーをかためる時間などは含みません。

この本のみかた♪

この本では、いろいろな料理のつくり方を紹介しているよ。
レシピを読むときは、つぎのポイントをおさえてね！

レベルは★が初級、★★が中級、★★★が上級むけ。調理の時間は、だいたいのめやすだよ。

材料が何人分なのかもチェックしてね。

とくに気をつけたいポイントはしっかりアドバイスするわね！

つくり方は写真入りで解説していくよ。野菜の切り方は、252〜255ページでくわしく紹介しているよ。

火加減はマークでも確認できるよ。

料理は火を使うことが多いので、必ず大人のいるところでやろうね。むずかしいところは、てつだってもらおう！

1 パン粉と牛乳を合わせる

小さなボウルにパン粉を入れて牛乳を加えてしばらくおき、パン粉をしめらせる。

3 玉ねぎを炒める

フライパンにサラダ油小さじ1を入れて中火にかけ、あたたまってきたら②を入れて木べらで炒める。しんなりするまで炒めたら火を止めて、バットなどに取り出して冷ます。

4 肉だねをつくる

大きめのボウルに肉を入れてほぐし、合いびき肉、③を入れ、塩、こしょうをよく手で練りまぜる。

2 玉ねぎをみじん切りにする

玉ねぎ縦に切り込みを入れ、端から細かく切る。

5 小判形にする

④を4等分し、1つずつ小判形に丸める。キャッチボールをするように右手と左手を7〜8回行ったりきたりさせて空気をぬく。

6 フライパンにならべる
※
フライパンにサラダ油大さじ1を入れて中火にかけ、あたたまってきたら⑤をまん中を少しくぼませてならべる。

7 両面を焼く

中火で2分ほど焼いて片面に焼き色がついたら、フタをして弱火でさらに1分ほど焼く。

8 ふたをして焼く

裏返しまぜ入れすをまもして、弱火で3〜4分焼き、竹ぐしをさして、肉汁が向こう出てきたら焼きあがり！取り出す。

9 ソースをつくる

ハンバーグを取り出したフライパンは洗わずそのままに、ケチャップとウスターソースを入れて弱火にかける。フタ返してよくまぜあわせたら火を止める。

10 もりつける

⑧のハンバーグに⑨をかけて、型でぬいたスライスチーズをかざる。

きほんの調味料

塩 ・ 砂糖 ・ こしょう ・ しょうゆ ・ みそ

酢 ・ 酒 ・ ソース ・ トマトケチャップ ・ マヨネーズ

バター ・ サラダ油 ・ ごま油 ・ オリーブオイル

いよいよ料理！
今日は最初なので
肉じゃがをつくります

肉じゃが…

切る、炒める、煮る、
お料理の基本が
つまっているの！
つくる前にまずレシピを
確認しましょう！

ふむふむ

材料 【4人分】

じゃがいも	4個
豚バラ薄切り肉	200g
玉ねぎ	小1個
にんじん	1本
絹さや	8枚

A
- 水 …… 300ml
- 酒 …… 大さじ2

砂糖 …… 大さじ3
しょうゆ …… 大さじ3と1/2
サラダ油 …… 大さじ1

つくり方

1. じゃがいもはピーラーで皮をむき、芽を取る。1個を6等分に切って水につけて2～3分おき、ざるに上げて水けをきる。

2. 豚肉は5cm幅に切る。玉ねぎは8等分のくし形切りに、にんじんは皮をむいて乱切りにする。絹さやはスジを取る。

3. 鍋にサラダ油を入れて中火にかけ、あたたまってきたら豚肉を入れて炒める。肉の色が変わったら、玉ねぎ、じゃがいも、にんじんの順に加えて炒める。

4. Aを加え、煮立ったらお玉でアクを取る。

5. 砂糖、しょうゆを加え、落としぶたをして中火で煮る。煮汁が半分になったら絹さやを加え、5～6分煮る。

「レシピを見て先に材料をそろえておくと途中であわてないわよ!」

「はい。」

調味料もはかって準備しておきます

材料のはかり方

材料は計量スプーンや計量カップでしっかりはかりましょう

はかりではかる

はかりに容器をのせ、めもりを「0」にあわせたら、調味料や材料を入れてはかる。

計量カップではかる

液体をはかるときは計量カップで。平らなところにおいて、真横から見てはかるよ。

計量スプーンではかる

分量の少ない液体や粉ものは計量スプーンで。大きさによって分量が決まっていて、大さじ1は15ml、小さじ1は5mlだよ。

【牛乳・水などの液体】

大さじ1
表面が少しふくらんでいるくらいがめやす。

大さじ1/2
半分よりも少し多めに入っているくらいがめやす。

【砂糖や塩などの粉もの】

大さじ1
山もり入れて表面をまっすぐなスプーンの柄などですりきって平らにした分量。

大さじ1/2
大さじ1をはかって、スプーンの柄などで半分をかき出した分量。

火加減のめやす

中火は、鍋の底に炎がかるくあたっているくらいがめやすよ

強火 — 鍋の底に炎がしっかりあたっている。湯をわかしたり肉を焼いたりするときの火加減だよ。

中火 — 鍋の底に炎がかるくあたっている。一番よく使う火加減だよ。

弱火 — 鍋の底に炎があたっていない。煮込み料理やこげやすいものを焼くときの火加減だよ。

注意 火を使うときは必ず大人の人といっしょにやろう！

火のそばに燃えやすいものをおかないでね。

豚肉のしょうが焼き

材料 【4人分】
- 豚ロース薄切り肉 …… 12枚（400g）
- しょうがのすりおろし …… 大さじ1
- A｜しょうゆ、みりん … 各大さじ3
  ｜酒 …………………… 大さじ2
- サラダ油 ……………… 大さじ1/2

つくり方
1. バットにしょうがとAをまぜ合わせる。
2. 豚肉は1枚ずつスジを切り、1のバットに入れて5分くらいつける。
3. フライパンにサラダ油を入れて中火にかけ、豚肉を1枚ずつ広げてならべる。肉の色が変わったらさいばしで裏返し、両面を焼く。最後に2のつけ汁を加え、全体にからめる。

「さっそくつくってみましょう！」

「肉のスジを切るのは、焼いてからちぢまないようにするためなの！見た目もいいし味もよくなじむわよ！」

切る　スジはココ！

「1枚ずつたれにつけ込んでおくと、味がむらなくしみておいしくなるの！」

チーズのっけハンバーグ

レベル ★★☆
調理 30分

ジューシーハンバーグもかんたんにつくれる星形のチーズで、見た目もバッチリ!!

パート1 人気メニュートップ10

材料

【4人分】

肉だね
- 合いびき肉 …………… 400g
- 玉ねぎ ………………… 1個
- 卵 ……………………… 1個
- パン粉 ………………… 大さじ6
- 牛乳 …………………… 大さじ3
- 塩、こしょう ………… 各少々

- スライスチーズ ……… 4枚
- 酒 ……………………… 大さじ2
- トマトケチャップ …… 大さじ3
- ウスターソース ……… 大さじ3
- サラダ油 …… 小さじ1＋大さじ1

合いびき肉は、牛肉と豚肉のひき肉を合わせたものよ。

つくり方

1 パン粉と牛乳を合わせる

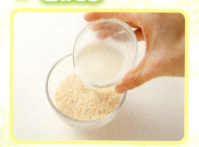

小さなボウルにパン粉を入れ、牛乳を加えてしばらくおき、パン粉をしめらせる。

2 玉ねぎをみじん切りにする

玉ねぎは縦に切り込みを入れ、端から細かく切ってみじん切りにする(254ページ)。

3 玉ねぎを炒める

フライパンにサラダ油小さじ1を入れて中火にかけ、あたたまってきたら2を入れて木べらで炒める。しんなりするまで炒めたら火を止めて、バットなどに取り出して冷ます。

4 肉だねをつくる

大きめのボウルに卵を割り入れてほぐし、合いびき肉、1、3を入れ、塩、こしょうをふって手で練りまぜる。

ねばりが出るまでまぜてね。焼いたときにひび割れず、肉汁たっぷりになるわよ。

5 小判形にする

4を4つに分け、1つずつ小判形に丸める。キャッチボールをするように右手と左手を7〜8回行ったりきたりさせて空気をぬく。

6 フライパンにならべる

フライパンにサラダ油大さじ1を入れて中火にかけ、あたたまってきたら5をまん中を少しへこませてならべる。

パート1 人気メニュートップ10

7 表面を焼く

中火で2分ほど焼いて片面に焼き色がついたら、フライ返しで裏返してさらに1分ほど焼く。

8 ふたをして焼く

酒をまわし入れてふたをして、弱火で3〜4分焼く。竹ぐしをさして、透明な肉汁が出てきたら焼きあがり！器に取り出す。

> 焼き色をつけてから酒を加えてふたをして、弱火で焼くと中まで火が通るわよ。

9 ソースをつくる

ハンバーグを取り出したフライパンは洗わずそのままにして、ケチャップとウスターソースを入れて中火にかける。フライ返しでよくまぜ合わせたら火を止める。

> フライパンは洗わないんだね！

> ハンバーグの肉汁やうまみが残っているから、ソースがぐっとおいしくなるわよ！

10 もりつける

8のハンバーグに9をかけ、星型でぬいたスライスチーズをかざる。

「ハンバーグのアレンジ ❶」

ミートボール

調理 40分

肉だねをボール状に丸めてミートボールに！
ケチャップソースと相性バツグンだよ

パート1 人気メニュートップ10

材料

【4人分】

ハンバーグの肉だねの材料
(21ページを見てね)

片栗粉 ……………………… 適量
グリーンリーフ（あれば）……… 適量

A｜トマトケチャップ ….. 大さじ6
　｜中濃ソース …………… 大さじ2
　｜はちみつ ……………… 小さじ1
　｜水 ……………………… 大さじ2

つくり方

1 ミートボールをつくる

21～22ページのつくり方1～4と同じようにして肉だねをつくり、20個に丸める。1個ずつ全体に片栗粉をつける。

2 ミートボールを焼く

3 ソースをつくる

フライパンをキッチンペーパーでさっとふき、Aを入れて中火にかける。ふつふつとしてきたら2を戻し入れ、全体にからめる。

4 もりつける

器にあればグリーンリーフをしき、3をもる。

> フライパンにミートボールを入れてから火をつければ、油もはねずに、あわてずに作業ができるわよ。

フライパンに油を高さ1cmほど入れ、1をならべ入れる。中火にかけて、さいばしでころがしながら、全体がカリッとするまで揚げ焼きにし、いったん取り出す。

ハンバーグのアレンジ 2

煮込みハンバーグ

調理 40分

ことこと煮込むハンバーグはふっくらおいしい！
ソースもボリュームたっぷり！

パート1 人気メニュートップ10

材料

【4人分】

ハンバーグの肉だねの材料
（21ページを見てね）

小麦粉	大さじ3
バター	15g
玉ねぎ	1/2個
しめじ	100g

A	トマトケチャップ	大さじ6
	中濃ソース	大さじ3
	酒	大さじ1
	砂糖	小さじ2
	水	300ml

ゆでたブロッコリー（あれば）… 8房

つくり方

1 小麦粉を炒め、玉ねぎ、しめじを切る

フライパンに小麦粉を入れて中火にかけ、木べらできつね色になるまで炒めて、バットなどに取り出す。玉ねぎは薄切りに、しめじは根元を切り落とし、ほぐす。

2 ハンバーグをつくる

21〜23ページのつくり方1〜7までと同じようにしてつくり、ハンバーグを裏返し、少し焼き色がついたら取り出す。ここではまだ中まで火が通っていなくてOK。

3 具を炒める

フライパンをキッチンペーパーでさっとふき、バターを入れて中火にかける。とけてきたら玉ねぎ、しめじを入れて少し火を弱め、しんなりするまで炒める。

4 ハンバーグを煮込む

いったん火を止めて1の小麦粉を加えて木べらで全体によくからめる。再び中火にかけ、粉っぽさがなくなってきたらAを2〜3回に分けて加えてまぜる。2を戻し入れ、ふたをして中火で10分ほど煮込む。ときどきふたをはずしてまぜる。器にもり、あればブロッコリーをそえる。

ハンバーグのアレンジ ❸

ロコモコ丼

調理 30分

ごはんの上にハンバーグと目玉焼きをのせればロコモコ丼の完成★

材料 【4人分】

ハンバーグの材料
（21ページを見てね）

- レタス …………… 4枚
- トマト …………… 1個
- 卵 ………………… 4個
- サラダ油 ………… 少々
- 水 ………………… 大さじ3
- ごはん（あたたかいもの） ………………… 適量

つくり方

1 ハンバーグをつくる

21〜23ページのつくり方1〜9までと同じ。9でつくったソースは分けておく。

2 目玉焼きを焼く

フライパンにサラダ油を入れて中火で熱し、あたたまってきたら卵を割り入れる。白身のまわりがかたまってきたら、分量の水をまわし入れ、ふたをして火を少し弱めて1〜2分蒸し焼きにする。

3 トマトを切る

トマトは食べやすい大きさに切る。

4 もりつける

器にごはんをもり、レタスをちぎってのせる。レタスの上にハンバーグ、トマト、目玉焼きをのせる。1で分けておいたソースをかける。

パート1 人気メニュートップ10

ハンバーグのアレンジ 4
和風ハンバーグ

調理 30分

さっぱりとした味が好きな人におすすめ

材料 【4人分】

ハンバーグの材料
（21ページを見てね）
大根 …………… 6〜7cm
青じそ ………… 2〜3枚
水菜 ………………… 1株
トマト ……………… 1個
ポン酢しょうゆ
………………………適量

つくり方

1 ハンバーグをつくる

21〜23ページのつくり方1〜8までと同じ。

2 野菜を用意する

大根は皮をむいてすりおろし、ざるに上げて軽く水けをきる。青じそは細切りにする。水菜は食べやすい長さに、トマトは食べやすい大きさに切る。

3 もりつける

器にハンバーグをもり、大根おろし、青じそをのせてポン酢しょうゆをかける。水菜、トマトをそえる。

パート1 人気メニュートップ10

材料

【4人分】
- 豚バラ薄切り肉 ……………… 200g
- 玉ねぎ ……………………………… 1個
- にんじん ………………………… 1/2本
- じゃがいも ……………………… 2個
- カレールウ ……………………… 4皿分
- 水 ………………………………… 700ml
- サラダ油 ……………………… 小さじ1
- ごはん（あたたかいもの）……… 適量
- 乾そうパセリ（あれば）………… 少々

カレールウは商品によって水の分量が違うので、パッケージに書かれている分量を確認してね！

つくり方

1 豚肉を切る

豚肉は5cm幅に切る。

2 玉ねぎを切る

玉ねぎは上下を落とし、縦半分に切って芯を切り取り、それぞれ4等分になるようにくし形切りにする（253ページ）。

3 にんじんを切る

にんじんは縦半分に切り、端から7mm厚さの薄切りにする。

4 じゃがいもを切る

↓

じゃがいもはピーラーで皮をむき、芽があれば取りのぞき（253ページ）、1個を8つに切る。

5 肉を炒める

鍋にサラダ油を入れて中火にかけ、あたたまってきたら1を入れ、木べらで炒める。

6 野菜を加えて炒める

↓

肉の色が変わったら2を加え、玉ねぎがしんなりしたら3、4を加えて全体をまぜるようにさっと炒める。

パート **1** 人気メニュートップ10

7 水を加えて煮る

分量の水を加え、野菜に火が通るまで20分ほど煮る。とちゅうでアクが出てきたら、網じゃくしですくい取る。

アクってなあに？

煮ているときに表面に浮いてくる、茶色い泡みたいなものがアクよ。これをすくい取っておくと、おいしくしあがるの。

8 火を止めてルウを加える

野菜がやわらかくなったら火を止める。カレールウを加え、しずかにまぜてとかす。

カレールウは火を止めて加えたほうが、よくとけるのよ。

9 とろみがつくまで煮る

カレールウがとけたら、再び中火にかけ、ときどきまぜながらとろみがつくまで煮る。

10 もりつける

ごはんをペットボトルの底を切ったカップに入れて器にもりつけ、9をまわりに注ぎ入れる。ごはんにあればパセリをかざる。

33

パート1 人気メニュートップ10

材料

【2人分】

カレー（30ページを見てね）…お玉2〜3杯分

ごはん（あたたかいもの） ……… 300g
ブロッコリー …………… 8〜10房
卵 …………………………………… 2個
ピザ用チーズ ………… 大さじ4〜6

つくり方

1 器にバターをぬる

耐熱の器（グラタン皿のようなもの）にバター（分量外）を薄くぬる。

2 ブロッコリーをゆでる

鍋にたっぷりの湯をわかし、ブロッコリーを入れて2分ほどゆでる。ざるに上げて水けをきる。

3 もりつける

1の器にごはんをもり、カレーをかける。まん中に卵をのせ、ブロッコリーをかざり、全体にチーズをのせる。

4 トースターで焼く

オーブントースターに器ごと入れて、チーズに焼き色がつくまで5〜6分焼く。

カレーのアレンジ 2

カレーの翌日の朝ごはんはこれでキマリ★

調理 10分

タルタルカレートースト

材料 【2人分】

- カレー（30ページを見てね）……お玉1杯分
- 食パン（6枚切り）……2枚
- ゆで卵……2個
- ピザ用チーズ……大さじ4
- バター……適量
- パセリのみじん切り……適量

つくり方

1 カレーとゆで卵をまぜる

ゆで卵は殻をむき、小さめのボウルに入れてフォークなどでつぶし、カレーを加えてまぜ合わせる。

2 食パンにのせて焼く

食パンにバターを薄くぬり、1をのせる。チーズを全体にのせ、オーブントースターでチーズがとけるまで4分ほど焼く。好みでパセリをちらす。

レトルトのカレーでつくってもいいわよ！

パート1 人気メニュートップ10

カレーのアレンジ ❸

カレーうどん

調理 20分

材料 【1人分】

- カレー（30ページを見てね）
  ……お玉1〜1杯半分（約200g）
- 冷凍うどん ……… 1玉
- 油揚げ ………… 1/2枚
- 長ねぎ ………… 適量
- めんつゆ（3倍濃縮）
  ……… 大さじ2〜3
- 水 ……… 1と1/2カップ
- A ┃ 片栗粉 …… 小さじ1
    ┃ 水 ……… 小さじ2

めんつゆをまぜるとカンタンに
カレーうどんに早変わり！

つくり方

1 うどんを解凍する

うどんは袋の表示どおりに解凍する。

2 長ねぎ、油揚げを切る

長ねぎは10cmくらいをななめ薄切りにする。油揚げは縦半分に切って1cm幅に切る。Aはまぜ合わせておく。

3 カレーのつゆをつくる

鍋にカレーと分量の水を入れ、めんつゆを加える。中火にかけて1を加え、うどんがあたたまったら2を加える。ねぎがしんなりしたらAをもう一度まぜてから加え、とろみがついたら火を止める。

4 もりつける

器にもり、好みで長ねぎの薄切り（分量外）をのせる。

ジューシー からあげ

レベル ★★☆
調理 30分

みんなの大好きな鶏のからあげ！
少なめの油で揚げるからカンタンにつくれちゃうよ★

パート1 人気メニュートップ10

材料

【4人分】
- 鶏もも肉 …………………… 2枚(400g)
- 小麦粉 ……………………… 大さじ5
- 片栗粉 ……………………… 大さじ4
- A
  - しょうがのすりおろし …………………… 大さじ1
  - しょうゆ …… 大さじ1と1/2
  - 酒 …………… 大さじ1と1/2
  - ごま油 ……………… 大さじ1/2
  - 塩、こしょう …………… 各少々
- 揚げ油 ……………………… 適量
- レモン（あれば）………… 2切れ

つくり方

1 鶏肉を切る

鶏肉は身の間にある余分な脂を取りのぞき、ひと口大に切る。

2 下味をもみ込む

ボウルにAを入れてまぜ合わせ、1を入れて手でよくもみ込み、10分ほどおく。

身の間にある黄色っぽい脂を、包丁を寝かせて少しずつ切りながら取りのぞくと、鶏肉の味がよくなるよ！

3 小麦粉と片栗粉を合わせる

バットに小麦粉を入れ、片栗粉を加えてよくまぜ合わせる。

4 粉をまぶして油に入れる

フライパンに揚げ油を2cmほど入れて中火にかける。油の温度が170度になったら、2を1つずつ3に入れて粉を表面にまぶしつけて、油に入れていく。

やけどに注意
揚げものは、油がはねると危ないから、必ず大人といっしょにやろうね！

5 油で揚げる

とちゅうで1度裏返して全体がきつね色になるまで揚げる。

とちゅうで大きな泡が勢いよく出るようなら、油の温度が高くならないように、火を弱めて油の温度を一定に保ってね。

6 油をきる

網の上に取り出して、油をきる。

油の温度のめやすは、右のページを参考にしてね。フライパンの油に入れる鶏肉の量は、重ならないくらいがめやす。一度に全部揚げようとせずに、2～3回に分けると上手に揚げられるよ。

パート1 人気メニュートップ10

揚げ油の温度の見きわめ方

揚げもののときの油の温度は、次のめやすを知っていると便利。
温度計がなくても、だいたいの温度がわかるよ。

170〜180度

さいばしは絶対にかわいたものを使ってね。水分がついていると、油がはねる原因に!

かわいたさいばしを入れたときに、小さな泡がシュワシュワと出るくらいが170〜180度のめやすだよ。

160度

細かい泡がゆらゆらと出るくらいなら160度。

180度以上

大きな泡が勢いよく出たら180度以上。

からあげのアレンジ ① チーズからあげ

調理 30分

チーズの香りでいくつでも食べられちゃいそう★

材料

【4人分】
ジューシーからあげの材料
（39ページを見てね）

粉チーズ ………… 大さじ4

39〜40ページのつくり方 **3** で、粉に粉チーズをまぜれば、あとは同じ。油をきったあと、好みで粉チーズ（分量外）をかける。

チーズが入ると、少しこげやすくなるので気をつけながら揚げてね。

パート1 人気メニュートップ10

からあげのアレンジ 2
青のりからあげ

材料

【4人分】
ジューシー
からあげの材料
(39ページを見てね)

青のり………… 大さじ4

39～40ページのつくり方3
で、粉に青のりをまぜれば、あ
とは同じ。

のりの香りとしょうゆは
相性バツグン！

からあげのアレンジ 3
ごまからあげ

ごまの香ばしさと
プチプチした食感も楽しめるよ！

材料

【4人分】
ジューシー
からあげの材料
(39ページを見てね)

白いりごま……… 大さじ4

39～40ページのつくり方3
で、粉にごまをまぜれば、あと
は同じ。粉をつけるとき、ごま
がはがれやすくなるので、手で
ぎゅっとにぎってしっかりつけ
てから油に入れてね。

からあげのアレンジ ❹

調理 15分

からあげ卵とじ丼

カツ丼と親子丼のいいとこどりのアレンジメニュー！
とろとろ卵がやみつき〜

パート1 人気メニュートップ10

材料

【2人分】

からあげ（38ページを見てね） …… 6個

玉ねぎ ……………………………… 1/2個

卵 ………………………………… 2個

A｜しょうゆ ……… 大さじ1と1/2
　｜みりん ………… 大さじ1と1/2
　｜砂糖 …………… 大さじ1/2
　｜和風だしの素 … 小さじ1/2
　｜水 ……………… 3/4カップ

ごはん（あたたかいもの） ……… 360g
みつばの葉（あれば） …………… 適量

つくり方

1 玉ねぎ、からあげを切る

玉ねぎは薄切りにする。からあげは2cm角に切る。

2 玉ねぎとからあげを煮る

フライパンにAと玉ねぎを入れて中火にかける。玉ねぎがしんなりしてきたら、からあげを加えて1分ほど煮る。

3 卵でとじる

 →

小さめのボウルに卵を割り入れてほぐし、2にまわし入れてふたをして火を止める。そのまま5分ほどおく。

しばらくおく間に、卵にちょうどよく熱が入り、とろとろにしあがるの。

4 もりつける

器にごはんをもり、3をのせる。あればみつばの葉をかざる。

45

ふわふわ オムライス

最後にケチャップで顔や好きな形を描くと、かわいくなるよ！

パート1 人気メニュートップ10

材料

【2人分】

ケチャップごはん
- ごはん（あたたかいもの）……… 300g
- ウインナーソーセージ ………… 4本
- 玉ねぎ ……………………………… 1/2個
- マッシュルーム ………………… 2個
- トマトケチャップ ………… 大さじ2
- 塩、こしょう ……………………… 各少々
- サラダ油 …………………… 大さじ1/2

たまご焼き
- 卵 …………………………………… 3個
- 牛乳 ……………………………… 大さじ2
- バター ………………… 1人分 5g × 2
- 塩、こしょう ……………………… 各少々
- トマトケチャップ（しあげ用）…… 適量

材料は2人分。50ページに包まないかんたんなオムライスも紹介しているよ。

つくり方

1 具を切る

ソーセージは輪切りに、玉ねぎとマッシュルームはそれぞれ薄切りにする。

2 玉ねぎを炒める

中

フライパンにサラダ油を入れて中火にかけ、あたたまってきたら玉ねぎを入れて木べらで炒める。

47

3 マッシュルームとソーセージを加える

玉ねぎがしんなりしてきたら、マッシュルームとソーセージを加えて炒める。

4 ごはんを加える

具が全体にしんなりして火が通ったら、いったん火を止める。ごはんを加えてほぐす。

5 ケチャップを入れる

再び中火にかけ、ケチャップを入れて全体にまざるように炒める。塩、こしょうで味をととのえ、器に取り出す。

ケチャップごはんの完成！

6 卵液をつくる

ボウルに卵を割り入れてほぐし、牛乳、塩、こしょうを入れてさいばしでよくまぜる。

7 卵液を2つに分ける

卵液を1人分ずつに、2つに分ける。

どうして2つに分けるの？

1人分ずつに分けておくと、作業がスムーズにできるから、とちゅうであわてないためよ！

8 卵を焼く

フライパンに1人分のバターを入れて火にかけ、バターがとけたら卵液を流し入れる。さいばしでまぜながら、1人分の卵液を全体に広げる。ふちが白くなってきたら、表面に完全に火が通る前に火を止める。

9 ケチャップごはんを入れる

火を止めたまま、卵のまん中にケチャップごはんをのせる。卵の両端をフライ返しで持ち上げてまん中で合わせる。

10 もりつける

9をフライパンの端に寄せ、器（平らな皿がよい）を端にあててひっくり返すようにもりつける。好みで表面にケチャップで顔などを描く。8～10をくり返してもう1つつくる。

> オムライスのアレンジ ❤1

とろとろオムライス

調理 25分

卵は包まずに上にのせると
おしゃれなカフェ風に！

パート1 人気メニュートップ10

材料

【2人分】

ケチャップごはんの材料 （47ページを見てね）

とろとろ卵

卵	3個
牛乳	大さじ2
塩	少々
バター	10g
トマトケチャップ（しあげ用）	適量

つくり方

1 ケチャップごはんをつくる

ケチャップごはんは、47～48ページの1～5を見てつくり、器にもる。

2 卵液をつくる

ボウルに卵を割り入れてほぐし、牛乳、塩を加えてまぜ合わせる。

3 とろとろ卵をつくる

フライパンにバターを入れて中火にかけ、バターがとけてきたら2を流し入れ、ゴムべらで大きくかきまぜ、ふわっと火が通ったら火から下ろして1にのせる。しあげ用のケチャップをかける。

オムライスのアレンジ 2

カレーオムライス

調理 25分

カレーをかけちゃう豪華なアレンジ！

材料 【2人分】

- とろとろオムライスの材料（51ページを見てね）
- カレー（30ページを見てね）……… お玉1杯分
- パセリのみじん切り ……… 適量

つくり方

1 とろとろオムライスをつくる

50〜51ページのとろとろオムライスをつくる。

2 カレーをかける

小さめの鍋にカレーを入れて中火にかけ、あたたまったら1にかける。好みでパセリをちらす。

パート1 人気メニュートップ10

オムライスのアレンジ ③

オムライス
ホワイトソースがけ

ソースのクリーミーな味わいがクセになる！

調理 30分

材料 【2人分】

ふわふわオムライスの材料（47ページを見てね）

ホワイトソース
- 玉ねぎ ……………… 1/2個
- バター ……………… 15g
- 小麦粉 …………… 大さじ2
- 牛乳 …… 1と1/2カップ
- 塩、こしょう …… 各少々

つくり方

1 玉ねぎを炒める

玉ねぎは薄切りにする。フライパンにバターを入れて中火で熱し、バターがとけたら玉ねぎを入れ、木べらで炒める。

いったん火を止めてから牛乳を加えて、全体をまぜてから再び火にかけると、ソースがダマになりにくいよ！

2 ホワイトソースをしあげる

玉ねぎがしんなりしたら小麦粉を加えて炒め、全体に粉がなじんだら火を止める。牛乳を加えて木べらでまぜ、再び弱火にかけてとろみがついてきたら、塩、こしょうで味をととのえて火を止める。

止 → 弱

3 オムライスにかける

47〜49ページのふわふわオムライスをつくり、ホワイトソースをあたためてかける。

コロコロ手まりずし

ひと口サイズのおすしは
見た目も華やかで、コロコロかわいい♡

パート1 人気メニュートップ10

材料

【2〜3人分】

すしめし
- 炊きたてのごはん ……… 330g
- A
  - 酢 ……… 大さじ1と1/2
  - 塩 ……… 小さじ3/4
  - 砂糖 ……… 大さじ1

具
- まぐろ、サーモン（さしみ用）… 適量
- いくら ……… 適量
- むきえび ……… 2〜3個
- きゅうり ……… 適量
- 青じそ ……… 2〜3枚
- マヨネーズ ……… 適量
- しょうゆ ……… 適量

卵で薄焼き卵をつくり、細切りにして、すしめしにのせてもいいわよ。

つくり方

1 すし酢をつくる

小さめのボウルにAをまぜ合わせる。

おうちに「すし酢」がある人は、Aのかわりに、すし酢を大さじ1と1/2用意すればOK。

2 すしめしをつくる

大きめのボウルにごはんを入れ、1をまわし入れてしゃもじで切るようにまぜる。

55

3 すしめしを冷ます

うちわであおぎ、手でさわれるくらいになるまで冷まし、6〜8つに分ける。

うちわであおいで冷ますと、ツヤが出てくるよ！

4 すしめしを丸める

ラップを広げて 3 の 1 つをのせ、包んで丸く形をととのえる。残りのすしめしも同様に丸く形づくる。

5 具を準備する

さしみ用の魚ときゅうりは薄切りにする。むきえびは熱湯でさっとゆでてざるに上げ、水けをきる。

6 具をのせる

4 のラップをいったん広げ、サーモンをのせる。もう一度ラップで包みなおし、すしめしと具をくっつけるようにして形をととのえる。

7 具をかざる

残りのすしめしに、むきえびをのせてマヨネーズをかけたり、きゅうりの薄切りをのせていくらをかざったり、青じそとまぐろをのせたりする。

パート1 人気メニュートップ10

おいしいお米の炊き方

お米を上手に炊いて、おいしいごはんで家族をびっくりさせちゃおう！

1 最初の水はすぐ捨てる

最初の水は、お米のまわりについているぬかがたくさん出るので、すぐに捨ててね！

ボウルに米を入れ、水をたっぷり注いでひとまぜしたら、すぐにざるに上げて水を捨てる。

2 米をとぐ

お米がひび割れないように、力を入れすぎないのがポイントよ。

ボウルに米を戻す（水は入れない）。手でやさしく米をにぎったり、はなしたりするのを10回ほどくり返しながら、米をまぜ合わせる。

3 水を注いで捨てる

水を注いでひとまぜし、ボウルのふちに手をそえて水を捨てる。2、3を2～3回くり返す。

4 ざるに上げる

米をざるに上げて、水けをきる。

5 炊く前に水にひたす

米を炊飯器の内釜に入れ、水平なところにおいて、目もりまで水を注ぐ。夏は30分、冬は1時間ぐらいおいてから、スイッチを入れて炊く。

炊きあがったら……

30分ほどそのまま蒸らし、水でぬらしたしゃもじを入れ、内釜の側面をぐるりと一周させてから、上下を返すようにしてほぐす。

おすしのアレンジ ①

キャンディ巻きずし

調理 10分

ハムとチーズを巻いた、ちょっと洋風なおすし。ペロペロキャンディ風でかわいいでしょ★

材料

【2人分】
すしめし（55ページを見てね）
・・・・・・・・・・・・・・・・・・・・・・・・・・・ 80g
焼きのり ・・・・・・・・・・・・・・・・・・・ 1/2枚
スライスチーズ ・・・・・・・・・・・・・ 2枚
ハム ・・・・・・・・・・・・・・・・・・・・・・・・ 3枚

パート1 人気メニュートップ10

つくり方

1 焼きのりに、チーズとハム、すしめしをのせる

ラップを広げ、焼きのりを縦長におき、チーズをのせ、その上にハム（2枚）をのせる。さらにその上にすしめしを広げてのせる。むこう側は2cmほど、すしめしはのせない。

2 巻きずしをつくる

手前の端を内側に巻き込んでおさえ、手前のラップを持ち上げてくるくると巻いていく。ラップで包みなおし、20分ほどおいて落ちつかせる。

3 巻きずしを切る

包丁にごはん粒がついているときれいに切れないので、1切れごとに包丁をきれいにするのがコツ！

2をラップごと端から4等分に切る。

4 リボンをつくる

残りの1枚のハムを1cm幅に切る。1本の両端をまん中で重ね合わせ、もう1本でおさえるようにしてリボンをつくる。3のラップをはずし、1切れにピックでとめる。

おすしのアレンジ 2
細巻きずし

調理 20分

好きな具を巻いて
いろいろ楽しんじゃお★

材料 【3本分】

- すしめし（55ページを見てね）
  ・・・・・・・・・・・・・・・・・・ 270g
- 焼きのり ・・・・ 1/2枚 × 3
- きゅうり（19cm長さ、7〜8mm
  角の棒状のもの）・・・・・ 1本
- 梅肉 ・・・・・・・・・・・・・・・・・・ 適量
- まぐろ（10cm長さ、7〜8mm
  角の棒状のもの）・・・・・ 2本
- ひき割り納豆
  （添付のたれをまぜたもの）
  ・・・・・・・・・・・・・・・・・ 大さじ1

つくり方

1 かっぱ巻きをつくる

ラップを広げ、焼きのりを横長におき、すしめしを広げのせる。向こう側1cmほどには、すしめしはのせない。手前にきゅうりと梅肉をのせる。

2 具をのせて巻く

手前のラップを持ち上げて、端からくるくると巻いていく。ラップで包みなおし、20分ほどおいて落ちつかせ、食べやすい大きさに切る。まぐろ、納豆も同様にしてつくる。

パート1 人気メニュートップ10

おすしのアレンジ ③
カップずし

スイーツみたいでキュート！

調理 20分

材料 【4人分】

- すしめし（55ページを見てね）……… 500g
- サーモン（1cmの角切り）……… 4切れ分
- むきえび ……… 4個
- ツナ ……… 小1缶
- 桜でんぶ ……… 大さじ2
- きんし卵（市販品）……… 適量
- かいわれ大根 ……… 適量
- にんじん ……… 適量
- マヨネーズ ……… 大さじ2

つくり方

1 ピンクのすしめしをつくる

ボウルに半量のすしめしを入れ、桜でんぶを加えてまぜ合わせる。

2 にんじんとえびをゆでる

にんじんは薄い輪切りにして2分ほどゆで、ざるに取って（湯は取っておく）冷まし、好みのクッキー型でぬく。同じ湯にえびを入れてさっとゆで、ざるに上げて水けをきる。

3 ツナマヨをつくる

小さめのボウルに、缶汁をきったツナを入れ、マヨネーズをまぜ合わせる。

4 もりつける

プリンカップなどに1をもり、3をのせて、残りのすしめしをもる。きんし卵をのせ、えびやサーモンをのせ、かいわれ大根やにんじんをかざる。

パート1 人気メニュートップ10

材料

【4人分・24個】

ギョーザの皮	24枚
豚ひき肉	200g
キャベツ	3枚
塩	小さじ1/2
長ねぎ	1/2本
しょうが汁	大さじ1
A しょうゆ	小さじ2
酒	小さじ1
塩	小さじ1/4
こしょう	少々
B 小麦粉	大さじ1
水	200ml
サラダ油	大さじ1/2
ごま油（しあげ用）	大さじ1

つくり方

1 キャベツを切る

キャベツは細かくみじん切りにし（255ページ）、ボウルに入れて塩をふり、手でもんでしばらくおく。

2 長ねぎを切る

長ねぎは縦に数か所切り目を入れて、端から切ってみじん切りにする（255ページ）。

3 キャベツの水けをしぼる

1のキャベツを両手でぎゅっとにぎって水けをよくしぼり、バットなどに取り出す。

> 水けをしぼったぶん、キャベツに肉汁がしみ込んでおいしくなるよ！

4 肉だねをつくる

別のボウルに豚ひき肉、3、しょうが汁、Aの調味料を入れ、手でよく練りまぜる。

5 長ねぎを加える

4に2を加え、全体がなじむくらいにさっとまぜ合わせる。

> 長ねぎは練りまぜすぎるとおいしくないから最後に加えてさっとまぜるんだって！

パート1 人気メニュートップ10

6 ギョーザの皮で包む

水をつける

ギョーザの皮に**5**をのせ、皮のふちにぐるりと水をつけて、端からひだを寄せながら包む。

焼いたときに肉汁があふれないように、ひだのところをしっかりくっつけてね。

7 小麦粉水をつくる

小さなボウルに**B**を入れてよくまぜ合わせる。

8 ギョーザを焼く

フライパンにサラダ油を入れ、ギョーザをならべたら、中火にかけて2分ほど焼く。

火をつけるのは、ギョーザをならべてからでOK。

9 小麦粉水を入れる

ギョーザに薄い焼き色がついたら、**7**をもう一度よくかきまぜて、フライパンのふちのほうから注ぎ入れる。ふたをして、中火で7〜10分蒸し焼きにする。

10 もりつける

水けがなくなってきたら、ごま油をまわし入れ、5秒ぐらい強火にして焼く。火を止めて、羽つきのまま器にもりつける。

ギョーザの具を変えたアレンジ ①

調理 30分

えびギョーザ

えびがプリプリで食感が楽しい!!

材料

【4人分・24個分】

- むきえび ………… 150g
- 豚ひき肉 ………… 60g
- にら ……………… 1/2束
- しょうがのすりおろし
  ……………………… 1片分
- A しょうゆ … 小さじ1
  酒 ………… 小さじ1
  ごま油 …… 小さじ1
  塩、こしょう … 各少々
- 酢、しょうゆ … 各適量

つくり方

1 材料を切る

むきえびは半量は包丁でたたいてペースト状にし、残り半分はざく切りにする。にらは4〜5mmの小口切りにする。

2 具をつくる

ボウルに1を入れ、しょうが、Aを加えてよくまぜ合わせる。

3 ギョーザの皮でつつむ

65ページの6と同じように、2をギョーザの皮で包む。

4 ゆでる

鍋にたっぷりの湯をわかし、3をそっと入れて4〜5分ゆでる。好みでしょうゆに酢をまぜたものにつけて食べる。

65ページのように焼いてもいいし、ゆでてもおいしいよ!

パート**1** 人気メニュートップ10

ギョーザの具を変えたアレンジ 2 3

ハムマヨコーン

ギョーザの皮のまん中にマヨネーズを少量ぬり、5mm角に切ったハムと、ホールコーンをのせて包む。焼き方は65ページと同じ。

枝豆チーズ

枝豆はさやから取り出して細かくきざみ、ピザ用チーズとともにギョーザの皮のまん中にのせて包む。焼き方は65ページと同じ。

ギョーザの包み方バリエーション

お花包み
焼きギョーザに！

富士山包み
ゆでギョーザに！

具をまん中においたら、皮のまわり全体に水をつけて、皮の上と下を中央で合わせる。

↓

皮の左右も中央で合わせ、十字に皮をぴったりとくっつける。

具をまん中に少し少なめにおいたら、皮のまわり全体に水をつけて、皮のふち全部をくっつける。

↓

皮の左右を中央に向けて折り、水をつけてくっつける。

67

サーモンの ホイル焼き

アルミはくで包んで、フライパンで焼くだけ！魚だってとってもかんたんに料理できるよ！

パート1 人気メニュートップ10

材料

【4人分】
- 生ざけ …………………… 4切れ
- 玉ねぎ …………………… 1/2個
- えのきたけ ……………… 1/2袋
- しめじ …………………… 1/2袋
- バター ……………… 1人分 5g×4
- 水 ………………………… 大さじ1
- 塩、こしょう …………… 各少々
- 細ねぎ …………………… 少々
- レモン …………………… 4切れ

さけには塩味がついた「甘塩ざけ」と、味のついていない「生ざけ」があるよ。ホイル焼きにするなら「生ざけ」を選んでね。

つくり方

1 玉ねぎを切る

玉ねぎは3mm幅の薄切りにする。

2 えのきたけ、しめじをほぐす

えのきたけは根元を切り落とし、長さを半分に切る。しめじは根元を切り落とし、ほぐす。

3 魚の水けをふく

さけはキッチンペーパーなどで水けをしっかりふき取り、両面に塩、こしょうをふる。

> ここで水けをしっかりふくと、魚のくさみが取れるのよ。

4 アルミはくで包む

アルミはくをさけが包める大きさに切って広げ、中央にバター（分量外）をぬる。1人分の玉ねぎを広げ、さけ1切れ、1人分のきのこ類、バターをのせる。アルミはくの上下左右を折り曲げてしっかり包む。

5 焼く

フライパンに分量の水を入れて4をならべ入れ、ふたをして中火にかけて4分、弱火にしてさらに4分焼く。

> 水がなくなったら、どうするの？

> 弱火にする前に水が完全になくなっていたら、大さじ1/2ほど足してね。

6 もりつける

器にもりつけてアルミはくをあけ、細かく切った細ねぎをちらし、レモンをそえる。好みでしょうゆやポン酢をかけて食べる。

パート1 人気メニュートップ10

ホイル焼きアレンジ 1 2

サーモンのピザ風ホイル焼き

1 69～70ページの1～3までは同じようにつくる。

2 さけ1切れの上にトマトケチャップ大さじ1と1/2をぬり、ピザ用チーズ大さじ2をのせて包み、5と同じように焼く。

【分量は1人分】

豚肉とアスパラガスのバターホイル焼き

1 アルミはくを広げ、食べやすく切った豚バラ薄切り肉70g、ななめ薄切りにしたグリーンアスパラガス1本と、長さを半分にして薄切りにしたエリンギ1本をのせ、全体に塩、こしょう各少々をふる。

2 まん中にバター5gをのせて包む。焼き方は70ページの5と同じ。

【分量は1人分】

ミートソース スパゲッティ

野菜を細かくきざんでひき肉と煮込めば絶品ミートソースのできあがり！

パート *1* 人気メニュートップ10

材料

【4人分】
- スパゲッティ 320g

ミートソース
- 合いびき肉 300g
- 玉ねぎ .... 1/2 個
- セロリ .... 1/2 本
- にんじん .... 1/2 本
- にんにく .... 1 片
- 赤ワイン 100ml
- カットトマト（缶詰）..... 1 缶 （400g）
- コンソメ .... 1 個

- A トマトケチャップ ..... 大さじ 2
  中濃ソース .... 大さじ 2
  塩、こしょう .... 各少々
- オリーブオイル .... 大さじ 1
- 粉チーズ .... 適量

つくり方

1 玉ねぎをみじん切りにする

玉ねぎは縦に切り込みを入れ、みじん切りにする（254ページ）。

2 にんじんをみじん切りにする

にんじんはななめ薄切りにし、細切りにしてから、みじん切りにする（255ページ）。

3 セロリを みじん切りにする

セロリは縦に細切りにしてから、みじん切りにする（255ページ）。

4 にんにくを みじん切りにする

にんにくは縦半分に切り、薄切りにしてから、みじん切りにする。

5 にんにくを炒める

フライパンにオリーブオイルと 4 を入れて火をつける。弱火で熱し、にんにくの香りが出てくるまで木べらで炒める。

> にんにくはこげやすいので、弱火で炒めてね！

6 肉を加える

合いびき肉を加えて中火にし、そのまま少し焼いてから木べらでほぐし炒める。

7 野菜を加える

1を加えて炒め、玉ねぎがしんなりしてきたら、2、3を加えて炒める。

8 赤ワインを加える

赤ワインを加えて全体をまぜ合わせ、アルコールを飛ばす。

9 トマト缶、コンソメを加えて煮る

カットトマト、コンソメを加え、中火で15〜20分煮る。

10 味をととのえる

汁けがほとんどなくなったらAを加え、全体をまぜ合わせたら火を止める。

11 スパゲッティをゆでる

スパゲッティを袋に表示されているゆで時間通りにゆでてざるに上げ、オリーブオイル小さじ1（分量外）を加えてまぜる。

スパゲッティのゆで方は、140ページを見てね！今回は表示のゆで時間通りにゆでるよ。

12 もりつける

器にスパゲッティをもり、10のソースをかける。好みで粉チーズをかける。

パート1 人気メニュートップ10

材料

【4人分】
- ミートソース（72ページを見てね） ················ 200g
- ホワイトソース（缶詰） … 1缶（290g）
- 牛乳 ································ 大さじ2
- ごはん（あたたかいもの） ········ 600g
- バター ······························ 20g
- ピザ用チーズ ···················· 120g
- 粉チーズ ·························· 適量

つくり方

1 バターライスをつくる

あたたかいごはんをボウルに入れ、バターをのせて、とかしながら全体にまぜる。

2 器にごはんを入れる

耐熱の器に1を入れ、平らにならす。

3 ごはんにソースをのせる

別のボウルにホワイトソースを入れ、牛乳を加えてまぜる。2の上に、全体にぬるようにのせる。

4 ミートソースをのせる

3の上に、ピザ用チーズをちらし、ミートソースをのせる。

5 トースターで焼く

4に粉チーズをふり、オーブントースターに入れ、表面にこんがりと焼き色がつくまで5分ほど焼く。

照り焼きチキン

レベル ★☆☆
調理 20分

ジューシーに焼きあげた鶏肉に、甘じょっぱいたれが最高！

パート1 人気メニュートップ10

材料

【4人分】
鶏もも肉 ……………………………… 2枚
たれ｜みりん ……………………… 大さじ2
　　｜酒 …………………………… 大さじ2
　　｜しょうゆ …………………… 大さじ2
サラダ油 …………………………… 大さじ1
水 …………………………………… 大さじ1
レタス ………………………………… 適量

つくり方

1 鶏肉に穴をあける

鶏肉は1枚を半分に切り、表面のところどころにフォークをさして、小さな穴をあける。

2 たれにつける

バットにたれの材料をまぜ合わせて、1を入れて10分つける。

3 焼く

フライパンにサラダ油を入れて中火にかけ、あたたまってきたら2の鶏肉を汁けをきって皮を下にしてならべて焼く。皮がパリッと焼けたら裏返し、分量の水を加えてふたをし、10分ほど焼く。

4 たれをからめる

鶏肉を1度取り出し、余分な油をふき取って、2のバットに残ったたれを入れる。とろっとしてきたら、鶏肉を再び入れてたれをからめる。鶏肉を食べやすい大きさに切って器にもり、レタスをそえる。

照り焼きのアレンジ ①

ぶりの照り焼き

調理 20分

材料 【2人分】

- ぶり …… 2切れ
- 小麦粉 …… 適量
- 塩 …… 小さじ 1/5

たれ
- しょうゆ …… 大さじ1
- 酒 …… 大さじ1
- みりん …… 大さじ1
- 砂糖 …… 大さじ 1/2
- サラダ油 …… 小さじ2
- ゆでたアスパラガス …… 適量

お魚だって照り焼きできちゃうよ★

つくり方

1 ぶりに小麦粉をつける

ぶりに塩をふって5分ほどおき、水けが出てきたらキッチンペーパーなどでしっかりふき取る。小麦粉を全体に薄くつける。

2 たれの材料をまぜる

小さめのボウルにたれの材料をまぜ合わせておく。

3 ぶりを焼く

フライパンにサラダ油を入れて中火にかけ、1をならべ入れる。2分ほど焼いたら裏返し、2を加えてふたをし、さらに2分ほど蒸し焼きにする。ふたを取り、たれをからめる。器にもり、フライパンに残ったたれをかけてアスパラガスをそえる。

パート **1** 人気メニュートップ10

照り焼きのアレンジ **2**

調理 **20**分

照り焼きハンバーグ

つやつやのたれをたっぷりからめてね!

材料 【4人分】

ハンバーグの肉だねの材料
(21ページを見てね)

エリンギ ……………… 3本
さやいんげん … 6～8本
たれ
　しょうゆ …… 大さじ2
　酒 ……………… 大さじ2
　みりん ……… 大さじ3
　砂糖 ………… 大さじ1
　水 …………… 1/2カップ
A 片栗粉 …… 小さじ1
　水 …………… 小さじ2
サラダ油 ……… 大さじ2

つくり方

1 野菜を切って炒める

エリンギは縦半分に切ってから、ななめ薄切りにする。さやいんげんはヘタを取り、4～5cm長さに切る。フライパンにサラダ油大さじ1を入れて中火にかけ、野菜を炒める。しんなりしたら取り出す。

2 たれとAを準備する

大きな計量カップにたれの材料をまぜておく。小さなボウルにAをまぜておく。

3 ハンバーグを焼く

21～23ページのつくり方1～7を見ながらハンバーグを焼き、裏返して1分ほど焼いたら1の野菜を戻し入れる。

4 たれをからめる 中～弱

たれを注ぎ入れ、ふたをして火を少し弱めて3～4分煮る。Aをもう一度まぜてからまわし入れ、とろみがついたら火を止める。

81

フライパンでホワイトソースをつくって、
マカロニをそのまま入れるだけ♪

フライパン de マカロニグラタン

パート1 人気メニュートップ10

材料

【4人分】

マカロニ	120g
ゆでえび	12尾
玉ねぎ	1個
ベーコン	5枚
しめじ	1パック
バター	大さじ3
小麦粉	大さじ3
コンソメ	2個
牛乳	600ml
水	200ml
ピザ用チーズ	適量
乾そうパセリ（あれば）	適量

つくり方

1 玉ねぎ、ベーコンを切る

玉ねぎは3mm幅に、ベーコンは5mm幅にそれぞれ薄切りにする。

2 しめじをほぐす

しめじは根元を切り落とし、手でほぐす。

3 えびの殻をむく

ゆでえびは殻と尾を取りのぞく。

> えびの尾を取るときは、尾の先を指でしっかりつまんで引っぱるときれいに取れるよ。

4 玉ねぎを炒める

フライパンにバターを入れて中火にかけ、バターがとけてきたら玉ねぎを入れてさいばしで炒める。

5 ベーコン、しめじを炒める

玉ねぎとバターがよくまざったら、ベーコン、しめじを順に加えて炒める。

> 具は火の通りにくいものから1つずつ順番に加えて炒めると、炒めやすいんだって！

6 小麦粉を加える

具が全体にしんなりしてきたら、小麦粉を加え、まんべんなくゆきわたるように炒め合わせる。

> ここで小麦粉をまんべんなく炒め合わせておくと、あとで牛乳を加えたときになめらかなホワイトソースになるわよ！

パート1 人気メニュートップ10

7 牛乳、コンソメ、マカロニを加える

牛乳、コンソメ、マカロニを加えて全体をまぜる。ふつふつとしてきたら弱火にし、ふたをしてマカロニの袋に表示されている時間の通りに加熱する。とちゅう5分ほどたったら分量の水を足して、マカロニがやわらかくなるまで煮る。

> マカロニは商品によってゆで時間が違うので、袋の表示を確認してね。

8 えびを加える

マカロニがやわらかくなり、とろみがついたらえびを加え、中火にして全体をまぜ合わせて火を止める。

9 もりつけて焼く

耐熱のグラタン皿に8をもり、えびを取り出して上にならべる。ピザ用チーズをのせてオーブントースターで5〜7分焼く。焼きあがったら、あればパセリをふる。

みんな大好き！卵レシピ

卵は焼いても煮ても蒸してもおいしい！
いろいろな料理にチャレンジしてみよう★

スクランブルエッグ

かきまぜながら火を通すだけ！

レベル ★☆☆
調理 10分

材料

【4人分】
- 卵 …………………… 2個
- 牛乳 ………………… 70ml
- バター ………… 大さじ1

1 卵をボウルに割り入れ、泡だて器で空気が入るようにまぜ、牛乳を加えてまぜる。

2 フライパンにバターを入れて中火にかける。**バターがとけたら1を流し入れる。**

3 強火にし、**さいばしで大きく円を描くようにまぜ、**卵に半分くらい火が通ってきたら火を止めて余熱で火を通す。

強→止

卵レシピ

1. ベーコンは長さを半分に切る。

2. フライパンにサラダ油を入れて強めの中火で熱し、あたたまってきたらベーコンを入れて両面をさっと焼く。

3. ベーコンをフライパンのまわりにしいて、その中に卵を割り入れる。

4. 白身のまわりがかたまってきたら、分量の水をまわし入れ、ふたをして少し火を弱めて1～2分蒸し焼きにする。

中～弱

蒸し焼きにする時間を長くすれば黄身がかためになるよ。

朝ごはんにぴったり！
ベーコンエッグ

材料

【4人分】
- 卵 …………………… 4個
- ベーコン …………… 4枚
- サラダ油 …………… 適量
- 水 …………………… 大さじ2

レベル ★☆☆

調理 10分

半じゅくのとろっとした黄身がおいしい！

味玉

レベル ★☆☆
調理 15分

材料

【4人分】
卵（室温においたもの）
………………… 6〜8個
A しょうゆ … 大さじ4
　 みりん …… 大さじ4
　 砂糖 ……… 小さじ1

1 耐熱ボウルにAを入れて、ふんわりラップをして電子レンジで2〜3分加熱する。取り出して**冷ましておく。**

2 卵の殻に針をさし、**1か所穴をあけておく。**鍋にたっぷりの水を入れて**中火にかけ、沸とうしたら卵を網じゃくしにのせてしずかに入れ、6〜7分ゆでる。**

3 ボウルに氷水を用意し、ゆで上がった卵をつけて冷ます。卵が冷めたら殻をむく。

4 ジッパー付きの保存袋に**1**と卵を入れて**半日以上つける。**

卵レシピ

1. 鶏肉はひと口大に切ってボウルに入れ、**A**の調味料を加えて10分ほどつけておく。

2. かまぼこは薄切りにし、さらに半分に切る。しいたけはじくを取り、薄切りにする。

3. ボウルに卵を割りほぐし、**B**を入れて泡だてないようにしずかにまぜ合わせ、ざるでこす。

4. 耐熱容器に鶏肉としいたけを入れ、**3**を流し入れる。アルミはくを容器にぴったりかぶせてふたをする。

5. フライパンに3分の1くらいの高さまで水を入れ、ふたをして中火にかける。

6. 湯が沸とうしてきたら火を止めて、**4**をならべ入れる。もう一度火をつけて、ふたをして**弱火で12分蒸す**。火を止めて、やけどに気をつけながら取り出し、最後にみつばとかまぼこをのせる。

ぷるんとした食感がたまらない！茶わん蒸し

材料

【110mlの容器4個分】
- 卵 ……………………… 2個
- 鶏もも肉 ……………… 1/8枚
- **A** しょうゆ … 小さじ1
  酒 ………… 小さじ1
- しいたけ ……………… 1/2枚
- かまぼこ ……………… 1.2cm
- みつばの葉 …………… 4枚
- **B** 和風だしの素
  ………… 小さじ1
  水 ………… 400ml
  しょうゆ … 小さじ1
  塩 ……… 小さじ1/4

レベル ★★☆
調理 30分

おべんとうの人気ナンバー1おかず

だし入り卵焼き

材料

【18cm×12cmの卵焼き器・1つ分】

卵 …………………… 2個

A
- 砂糖 ……… 大さじ1
- しょうゆ …… 小さじ1/4
- 和風だしの素 …… 小さじ1/4
- 水 ……… 大さじ2

サラダ油 ……… 小さじ1

レベル ★☆☆

調理 15分

あわてずにゆっくりやれば、きれいな卵焼きができるわよ！

卵レシピ

1 ボウルに卵を割り入れ、さいばしで泡だてないようにほぐし、Aの調味料を加えてまぜる。

2 卵焼き用フライパンにサラダ油小さじ1/2を中火で熱し、たたんだキッチンペーパーでふきながら、すみずみまで油をひく。

3 あたたまってきたら、卵液をお玉1杯ほど流し入れ、全体にうすく広げる。**卵がふくらんできたところは、さいばしでつぶし**、そのまましばらく焼く。

4 ふちがかたまってきたら、**フライ返しでむこう側から手前にむかって巻く**。手前まで巻いたら、全体をむこう側に移動させる。

5 あいたところにサラダ油小さじ1/2を足して、**たたんだキッチンペーパーでふきながら、すみずみまで油をひく**。

6 さらに卵液をお玉1杯分ほど流し入れる。**卵の下にも卵液をしっかり流し入れる**。

7 3と同じように焼いて、ふちがかたまってきたらフライ返しでむこう側から手前にむかって巻く。卵液がなくなるまで5〜7をくり返してできあがり。冷ましてから切り分ける。

今日はリクエストにこたえて、きほんの野菜炒めをつくりましょう!味つけはスープの素としょうゆよ!

野菜炒め

材料【2人分】

- 豚バラ薄切り肉 ……………… 130g
- A しょうが汁、酒、しょうゆ
  ………………………… 各小さじ1
  片栗粉 ………………… 小さじ2
- もやし ……………………… 1/2袋
- ピーマン(赤・緑) ………… 各1個
- キャベツ …………………… 150g
- B 酒 …………………… 小さじ2
  鶏がらスープの素、しょうゆ
  ………………………… 各小さじ1
- 塩、こしょう ……………… 各適量

つくり方

1. 豚肉は3〜4cm幅に切り、Aをもみこむ。ピーマンはヘタと種を取り、細切りにする。キャベツはざく切りにする。

2. フライパンに油を中火で熱し、豚肉を入れて焼く。肉の色が変わったら、ピーマン、キャベツ、もやしを加え、強火にして炒め合わせる。

3. 野菜がしんなりしてきたら、Bを加えてさっと炒め合わせ、塩、こしょうで味をととのえる。

どんな味かたのしみ!!

火の通りがよくなるように、野菜の大きさはそろえて切ってね

パート2 定番料理対決!

ささみのピカタ

つくり方は100ページ

ささみを卵にからめてこんがり焼くよ!
ふっくら焼くには、火を通しすぎないのがコツ!

タンドリー風チキングリル

材料

【4人分】
鶏もも肉 …………………… 2枚
A にんにくのすりおろし … 1片分
　ヨーグルト ………… 大さじ4
　カレー粉 …………… 小さじ2
　トマトケチャップ ……大さじ1
　中濃ソース ………… 小さじ1
　塩 ………………… 小さじ1
　こしょう ………………… 少々

つくり方

1 鶏肉を切る

鶏肉は余分な脂を取りのぞき、1枚を2等分にするくらいの大きさに、包丁を少し寝かせてそぎ切りにする。

「そぎ切り」は、包丁を寝かせて厚みを薄くするように切る切り方だよ！

2 カレーだれに鶏肉をつける

密封できるポリ袋にAの材料を入れてまぜ合わせ、1を入れてよくもみ込み、30分以上おいて味をしみ込ませる。

時間をおくと、鶏肉の中に味がしみ込むのよ。夏など気温が高いときは、冷蔵庫に入れてね。

3 鶏肉を焼く

オーブンの天板にオーブンシートをしき、2をならべる。あらかじめ180度に熱しておいたオーブンに入れ、15～20分焼く。魚焼きグリルでも焼くことができるよ！

魚焼きグリルで焼く場合

両面焼きグリルの場合は、グリルの網に鶏肉をならべて、中火で10～15分焼く。片面焼きグリルの場合は、あらかじめ1分ほどあたためてから鶏肉を入れ、片面8～10分、裏返して5～6分焼く。こげそうになったら、アルミはくをかぶせて調節する。

ささみのピカタ

材料

【4人分】
- 鶏ささみ……………………8本
- 卵……………………………2個
- 塩………………………小さじ1/2
- こしょう………………………少々
- 酒……………………………大さじ1
- 小麦粉………………………適量
- サラダ油……………………大さじ1
- サラダ菜……………………適量
- トマトケチャップ……………適量

つくり方

1 ささみを切る

ささみは1本を4等分にするくらいの大きさに、包丁を少し寝かせてそぎ切りにする。

2 下味をつける

ボウルに1を入れ、塩、こしょうをふり、酒を加えてもみ込む。

3 粉をまぶしつける

小麦粉を加え、肉の表面に粉をまんべんなくまぶしつける。

5 卵液に数回つけながら焼く

卵がかたまったら、再び卵液につけて焼くを2〜3回くり返し、よい焼き色がつくまで焼く。

4 卵液をつけて焼く

ボウルに卵を割り入れてほぐす。フライパンにサラダ油を入れて中火にかけ、あたたまってきたら3を1つずつ卵液につけてからならべ入れる。1分ほど焼いたら裏返し、さらに1分焼く。

6 もりつける

器にもり、サラダ菜、トマトケチャップをそえる。

鶏むね肉でつくってもおいしくできるわよ！

パート2 定番料理対決!

かじきのムニエル

つくり方は106ページ

まぐろと味が似ているから
「かじきまぐろ」と呼ばれているかじき。
レモンバターがよく合う〜!

まぐろアボカド丼

材料

【4人分】
- まぐろ（さしみ角） ……… 200g
- アボカド ……………………… 1個
- A
  - しょうゆ ……………… 大さじ2
  - 砂糖 …………………… 小さじ1
  - ごま油 ………………… 小さじ1
  - 塩、こしょう ………… 各少々
- ごはん（あたたかいもの） ……… 600g
- きざみのり …………………… 適量
- 青じそ（あれば） …………… 適量
- 白いりごま …………………… 適量

つくり方

1 アボカドに切り込みを入れる

アボカドは縦にぐるりと切り目を入れる。

包丁がすべらないように気をつけてね！

2 種を取る

切り込みをひねって半分にし、包丁の刃元をさして種を取る。

パート2 定番料理対決!

3 アボカドを切る

皮をむき、1cm角に切る。

4 まぐろを切る

まぐろはキッチンペーパーで水けをふき取り、1cm角に切る。

5 味つけする

ボウルにAの材料をまぜ合わせ、3と4を加えてまぜ合わせる。

6 もりつける

器にごはんをもり、きざみのりをのせ、5をもりつける。青じそを小さくちぎってちらし、ごまをふる。

アボカドは時間がたつと茶色っぽくなるので、変色を防ぎたい場合は、切ったらすぐ少しレモン汁などをかけておくといいわよ。

かじきのムニエル

材料

【4人分】
- かじき ……………………… 4切れ
- 塩 ……………………… 小さじ 2/3
- こしょう ……………………… 少々
- 小麦粉 ……………………… 適量
- レモンの輪切り ……………… 1/2個分
- バター ……………………… 20g
- サラダ油 ……………………… 大さじ1
- ほうれんそうソテー
  (174ページを見てね) ……… 適量

つくり方

1 かじきに粉をまぶしつける

かじきはキッチンペーパーで水けをふき取って塩、こしょうをふり、小麦粉を全体に薄くまぶしつける。

水けをふき取ると、魚のくさみも取れるし、小麦粉も薄くつけることができるのよ！

2 かじきを焼く

フライパンにサラダ油を入れて中火にかけ、あたたまってきたら1をならべ入れる。2分ほど焼く。焼き色がついたら、フライ返しで裏返し、さらに1分ほど焼く。

かじきのかわりに、生ざけやたらでもおいしくつくれるよ！

3 味つける

かじきにレモンをのせ、バターを加えてさらに1分ほど焼く。バターがとけてきたら、全体にからめる。

レモンがない場合は…

レモンのかわりに、市販のレモン果汁を使ってもつくれます。レモン果汁を使う場合は、4人分で大さじ1がめやすです。

4 もりつける

器に3をもり、ほうれんそうのソテーをそえる。

ひき肉料理対決

レベル ★☆☆
調理 25分

鶏ひき肉に豆腐をまぜることで
ふっくらやわらかな食感にしあがるよ★

鶏つくね

つくり方は110ページ

鶏つくね

材料

【4人分】

- 鶏ひき肉 …………………… 300g
- 木綿豆腐 …………………… 1/2丁 (150g)
- A
  - 卵 ………………………… 1個
  - しょうがのすりおろし … 1片分
  - パン粉 …………………… 大さじ5
  - 塩 ………………………… 少々
- B
  - しょうゆ ………………… 大さじ2
  - 酒 ………………………… 大さじ2
  - みりん …………………… 大さじ2
  - 砂糖 ……………………… 小さじ2
  - 水 ………………………… 大さじ4
- C
  - 片栗粉 …………………… 大さじ1/2
  - 水 ………………………… 大さじ1
- サラダ油 …………………… 大さじ1
- 白いりごま ………………… 適量

つくり方

1 肉だねをつくる

ボウルに鶏ひき肉と豆腐を入れ、Aの材料も加え、少しねばりが出るまで手でよくまぜ合わせる。小さめのボウルにBの材料をまぜ合わせておく。

パート2 定番料理対決!

2 肉だねを焼く

フライパンにサラダ油を入れ、スプーンで1をすくってもう1本のスプーンでフライパンにならべていく。中火にかけて2分ほど焼き、焼き色がついたら裏返し、さらに2分ほど焼く。

3 たれをからめる

余分な油をキッチンペーパーなどでふき取り、Bを加える。たれをつくね全体にからめる。

4 とろみをつける

小さなボウルにCをまぜ合わせ、3に加える。全体にからめてとろみがついたら火を止める。

5 もりつける

器につくねをもり、フライパンに残ったたれをかけ、ごまをちらす。

111

タコライス

材料

【4人分】
- 合いびき肉 …………… 400g
- 玉ねぎ ………………… 1個
- トマト ………………… 1個
- レタス ………………… 4枚
- ピザ用チーズ ………… 適量
- A
  - カレー粉 …………… 小さじ4
  - トマトケチャップ … 大さじ6
  - ウスターソース …… 大さじ2
  - しょうゆ …………… 小さじ2
- 塩、こしょう ………… 各少々
- オリーブオイル ……… 大さじ1
- ごはん（あたたかいもの）……… 600g

つくり方

1 玉ねぎを切る

玉ねぎは縦半分に切って芯を切り取り、縦に切り込みを入れ、端から細かくきざんでみじん切りにする（254ページ）。

2 玉ねぎを炒める

フライパンにオリーブオイルを入れて中火にかけ、あたたまってきたら玉ねぎを入れて炒める。

3 ひき肉を炒める

玉ねぎがしんなりしてきたら、ひき肉を加えて炒め合わせる。

4 味つけする

肉の色が完全に変わったら、Aの材料をまぜ合わせてから加え、全体になじむまで炒め合わせる。塩、こしょうで味をととのえる。

5 野菜を準備する

トマトは2㎝角に切る。レタスは小さくちぎる。

6 もりつける

器にごはんをもり、4をかけ、トマト、チーズをのせる。レタスをごはんのまわりにそえる。

パート2 定番料理対決!

マイルド マーボー豆腐

レベル ★★☆
調理 30分

つくり方は118ページ

おうちにある調味料でつくれるかんたんレシピ!
からくないから、家族みんなで食べられるよ★

豆腐ステーキ

材料

【2人分】
- 木綿豆腐 …………… 1丁 (300g)
- しめじ …………………… 100g
- ミニトマト …………… 6〜8個
- にんにく (薄切り) ………… 1片分
- 片栗粉 …………………… 適量
- バター …………………… 10g
- A
  - みりん ………………… 大さじ2
  - 酒 ……………………… 大さじ1
  - しょうゆ ……………… 大さじ1
- サラダ油 ………………… 大さじ1

つくり方

1 豆腐の水きりをする

豆腐はキッチンペーパーで包んでバットに入れ、上にさらにバットをのせて重し（水の入った鍋など）をのせ、厚みが半分になるまで水けをきる。

2 野菜を切る

しめじは根元を切り落とし、ほぐす。ミニトマトはヘタを取る。

パート2 定番料理対決！

3 豆腐を切り、片栗粉をつける

1の豆腐の厚みを半分に切り、片栗粉を全体に薄くまぶしつける。

> 豆腐にたれがしっかりからまるように、片栗粉をつけておくのよ！

4 豆腐を焼く

フライパンにサラダ油とにんにくを入れて弱火にかけ、香りが出てきたら3をならべる。中火にして2分ほど焼き、焼き色がついたら裏返し、さらに2分ほど焼いて器に取り出す（とちゅうでにんにくがこげそうなら、取り出す）。

5 野菜のソースをつくる

フライパンにバターを入れて中火にかけ、バターがとけてきたら2の野菜を入れて炒める。しめじがしんなりしてきたらAを順に加え、汁けが半分くらいになるまで煮つめ、4の豆腐にかける。

117

マイルド マーボー豆腐

材料

【2人分】

- 木綿豆腐 …………………… 1丁 (300g)
- 合いびき肉 ………………………… 120g
- 長ねぎ ……………………………… 15cm
  (みじん切りして半分に分けておく)
- にんにく …………………………… 1片
- しょうが …………………………… 1片
- A
  - みそ ………………… 大さじ1と1/2
  - トマトケチャップ
    ………………… 大さじ1と1/2
  - 砂糖 ………………………… 大さじ1/2
  - 鶏がらスープの素 ………… 小さじ1
  - 水 …………………………… 200ml
- 片栗粉 ……………………………… 小さじ2
- サラダ油 …………………………… 大さじ1

つくり方

1 野菜を切る

長ねぎは縦半分に切り、細かく縦に切り込みを入れて、端からきざんでみじん切りにする（255ページ）。にんにくとしょうがは薄切りにしてから細切りにし、端からきざんでみじん切りにする。

2 Aをまぜる

計量カップなどにAの材料をまぜ合わせておく。

3 豆腐を切る

豆腐は2cm角に切る。

4 ひき肉を炒める

フライパンにサラダ油とねぎの半量、にんにく、しょうがを入れて弱火にかけて木べらなどで炒める。香りが出てきたらひき肉を加え、中火にして炒め合わせる。

5 味をつける

肉の色が完全に変わったら 2 を加え、2 分ほど煮る。

6 豆腐を加える

ふつふつとしてきたら 3 を加え、さらに 1 分ほど煮る。

7 とろみをつける

豆腐があたたまったら、残りのねぎに片栗粉をまぜてから加え、とろみがつくまで煮る。

> ねぎに片栗粉をまぶしてから加えると、ダマになりにくく、上手にとろみをつけることができるよ！

巻き巻きおかず 対決

レベル ★☆☆
調理 20分

豚肉でたっぷりのきのこを巻き巻き!!
おかわり間違いなしのおかずです!

きのこの豚肉巻き

つくり方は122ページ

アスパラベーコン巻き

つくり方は124ページ

おべんとうのおかずにもぴったり!!
アスパラはややかためにゆでるのがコツだよ★

きのこの豚肉巻き

材料

【4人分・24個】

- 豚バラ薄切り肉 ………… 12枚
- えのきたけ ………… 150〜200g
- 片栗粉 ………… 適量
- A
  - トマトケチャップ …… 大さじ2
  - ウスターソース ……… 大さじ1
  - 砂糖 ………………… 小さじ1
  - 水 …………………… 大さじ2
- サラダ油 ………………… 大さじ1

つくり方

1 えのきを切る

えのきは根元を切り落とし、軽くほぐし、24等分にしておく。

2 えのきを豚肉で巻く

豚肉は長さを半分に切る。1切れの上にえのきをのせて、端からくるくると巻く。同じようにして、あと23個つくる。

パート2 定番料理対決!

3 片栗粉をつける

バットに片栗粉を入れ、2を入れて表面にまんべんなく片栗粉をつける。

4 肉巻きを焼く

フライパンにサラダ油を入れ、3をならべる。中火にかけて1分ほど焼き、ころがしながら全面に焼き色がつくまで3〜4分焼く。

5 たれをからめる

肉全体に焼き色がついたら、小さなボウルにAをまぜ合わせてから加え、汁けがほとんどなくなるまで肉にからめる。

アスパラベーコン巻き

材料

【4人分・12個】
ベーコン ……………………… 6枚
グリーンアスパラガス ………… 8本
しょうゆ ……………………… 小さじ1

つくり方

1 アスパラガスを切る

アスパラガスは根元のかたい部分を切り落とし、三角のハカマを包丁で取りのぞく。長さを3〜4等分に切る。

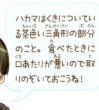

ハカマはくきについている茶色い三角形の部分のこと。食べたときに口あたりが悪いので取りのぞいておこうね！

パート2 定番料理対決!

2 アスパラガスをゆでる

フライパンにたっぷりの湯をわかし、アスパラガスを入れて2分ほどゆでる。ざるに上げて水けをきる。

3 アスパラをベーコンで巻く

ベーコンは長さを半分にする。1切れに2を2〜3本ずつのせ、端からくるくると巻く。巻き終わりにようじをさしてとめる。

4 ベーコン巻きを焼く

フライパンに3をならべて中火にかける。ころがしながらベーコンに焼き色がつくまで2〜3分かけて焼き、しょうゆを加えて全体にからめる。

とろとろ親子丼

つくり方は130ページ

パート2 定番料理対決!

レベル ★☆☆
調理 20分

甘めのつゆで鶏肉を煮て卵でふんわりつつむよ!

つゆだく牛丼

材料

【4人分】
- 牛肉（すき焼き用）・・・・・・・・・・・・・・400g
- 玉ねぎ・・・・・・・・・・・・・・・・・・・・・・・・・1個
- しょうが・・・・・・・・・・・・・・・・・・・・・・・1片
- 和風だしの素・・・・・・・・・・・・・小さじ1
- A しょうゆ・・・・・・・・・・・・・・大さじ5
  酒・・・・・・・・・・・・・・・・・・・・・大さじ4
  砂糖・・・・・・・・・・・・・・・・・・・大さじ3
- 水・・・・・・・・・・・・・・・・・・・・・・・・・200ml
- サラダ油・・・・・・・・・・・・・・・・・大さじ1
- ごはん（あたたかいもの）・・・・・・・・600g
- 卵、紅しょうが（好みで）・・・・・・・・適量

つくり方

1 玉ねぎを切る

玉ねぎは縦半分に切り、端から薄切りにする。

2 牛肉を切る

牛肉は食べやすい幅に切る。

3 しょうが汁を取る

しょうがはすりおろし、しぼってしょうが汁を取る。

4 肉に味をつける

ボウルに3、和風だしの素、Aの調味料を入れてまぜ合わせ、2を加えて全体をまぜ、10分ほどおく。

5 玉ねぎを炒める

フライパンにサラダ油を入れて中火で熱し、あたたまってきたら1を入れて炒める。

6 牛肉を炒める

玉ねぎがしんなりしてきたら、4を汁ごと加えて全体を炒め合わせる。

7 ふたをして煮る

分量の水も加えて全体をまぜ、ふたをして5分ほど煮る。ふたを取り、汁が半分くらいになったら火を止める。

8 もりつける

器にごはんをもり、7をのせる。好みで卵の黄身、紅しょうがをのせる。

とろとろ親子丼

材料

【4人分】
- 鶏もも肉 …… 300g
- 玉ねぎ …… 1個
- 卵 …… 6個
- みつば（あれば）…… 6本
- きざみのり（あれば）…… 適量
- しょうゆ …… 大さじ1/2
- 和風だしの素 …… 小さじ1
- A
  - しょうゆ …… 大さじ3
  - 酒 …… 大さじ3
  - 砂糖 …… 大さじ2
- 水 …… 200ml
- ごはん（あたたかいもの）…… 600g

つくり方

1 鶏肉を切る

鶏肉は皮を取りのぞき、ひと口大に切る。ボウルに入れ、しょうゆを加えて手でよくもみ込む。

2 玉ねぎ、みつばを切る

玉ねぎは薄切りに、みつばは2cm長さに切る。

パート2 定番料理対決！

3 具を煮る

フライパンに和風だしの素と分量の水を入れて中火にかける。ふつふつとしてきたらAの調味料を加え、鶏肉と玉ねぎを入れてさいばしでひとまぜし、ふたをして2〜3分煮る。

4 卵を加える

ボウルに卵を割り入れ、さいばしでほぐす。

5 卵を半分加える

3の鶏肉に火が通ったら火をやや強め、4の半分ぐらいをお玉で中心から外に円を描くようにまわし入れてふたをする。

6 残りの卵を加える

20〜30秒たったら、残りの4を同じようにまわし入れ、10秒たったら火を止め、ふたをして余熱で火を通す。

> 卵を2回に分けて入れるのが、とろとろにしあげるコツだよ！

7 もりつける

器にごはんをもって6をのせ、きざみのりとみつばをかざる。

五目炊き込みごはん

材料

【つくりやすい分量】

米	3合
だし用昆布	5cm
鶏もも肉	100g
しいたけ	2枚
ごぼう	1/4本
こんにゃく(アクぬき済み)	1/6枚
にんじん	1/5本
A 酒	大さじ2
しょうゆ	50ml
砂糖	小さじ1

こんにゃくはアクぬき済みのものでなければ、切ってから熱湯でさっとゆでて、くさみを取ろう！

つくり方

1 米と昆布を水にひたす

米は洗ってざるに上げて水けをきり、炊飯器の内釜に入れる。3合の目もりよりやや少なめの水（分量外）と昆布を加えて30分ほどおく。

2 ごぼうを切る

ごぼうはアルミはくでこすって汚れを落とし、ピーラーを使って4cm長さにけずり、水につけてアクをぬく。

パート2 定番料理対決!

3 しいたけを切る

しいたけは手でじくを取りのぞいて薄切りにする。

4 にんじんを切る

にんじんはななめ薄切りにしてから、短めのせん切りにする（255ページ）。

5 こんにゃくを切る

こんにゃくは3cm長さの細切りにする。

具の大きさや薄さをそろえるとおいしくしあがるよ。

6 鶏肉を切る

鶏肉は手で皮を取りのぞき、1.5cm角に切る。

7 具に味をつける

ボウルにAの調味料を合わせ、2～6の具をすべて入れてよくまぜ、5分ほどおいて味をなじませる。

8 具をのせて炊く

1の昆布を取り出して、7の調味料だけを加えたら、3合の目もりまで水（分量外）を入れる。7の具をのせ、炊飯器でふつうに炊く。炊きあがったら30分ほど蒸らし、全体をさっくりとまぜる。

135

ぱらぱらチャーハン

材料

【2人分】
- ごはん（あたたかいもの） …… 300g
- チャーシュー …………………… 80g
- 長ねぎ ……………………………… 1本
- かまぼこ ………………………… 20g
- 卵 …………………………………… 2個
- サラダ油 ………………………… 大さじ2
- ごま油 …………………………… 大さじ1/2
- しょうゆ ………………………… 大さじ1/2
- 塩 …………………………………… 小さじ1/2
- こしょう ………………………… 少々

チャーシューのかわりに、ハムやソーセージでつくってもおいしいよ！

つくり方

1 チャーシューを切る

チャーシューは薄切りにし、5mm角に切る。

2 かまぼこを切る

かまぼこは5mm厚さの薄切りにし、5mm角に切る。

3 長ねぎを切る

長ねぎは薄い輪切りにする。

4 いり卵をつくる

ボウルに卵を割り入れてほぐす。フライパンにサラダ油大さじ1を入れて中火にかけ、あたたまってきたら、といた卵を入れる。全体をかきまぜて半じゅくになったら、ボウルに取り出す。

5 ごはんを焼きつける

あいた4のフライパンに再びサラダ油大さじ1とごま油大さじ1/2を入れて中火にかけ、あたたまってきたらごはんを入れて木べらで全体に広げ、強火で焼く。

6 具を加える

ごはんに少し焼き色がついてきたら、1、2、3の具を入れ、中火にして全体を木べらでまぜ合わせるように炒める。全体がまざったら、しょうゆをまわし入れ、さらに炒める。

7 いり卵を加えもりつける

取り出しておいたいり卵を入れ、全体を炒める。塩、こしょうを加えてまぜ合わせる。茶わんにつめてから、器にもりつける。

しめじのクリームスパゲッティ

パート2 定番料理対決!

レベル ★☆☆
調理 25分

つくり方は142ページ

具がたっぷりのクリームでボリューム満点!

たらこスパゲッティ

材料

【2人分】

スパゲッティ	160g
たらこ	70g
マーガリン	大さじ1
きざみのり（あれば）	適量
酒	大さじ2
しょうゆ	小さじ1/2
オリーブオイル	小さじ1

つくり方

1 湯をわかす

大きな鍋にたっぷりの水（2ℓくらい）を入れ、強火にかけてわかす。

湯がわいてくるまでの間に、たらこを準備しちゃうよ！

2 たらこを皮から出す

たらこの皮の表面を縦に浅く切り、スプーンで中身を取り出す。

パート2 定番料理対決！

3 マーガリンとまぜる

ボウルに 2 を入れ、マーガリンを加えてまぜ合わせる。

4 調味料を加える

酒としょうゆを加えてまぜ合わせる。

5 スパゲッティをゆでる

1 の湯が沸とうしてきたら中火にし、塩（水2ℓに対して小さじ4）を入れ、スパゲッティを入れる。

6 時間をはかる

スパゲッティがくっつかないよう、さいばしでひとまぜしたら、袋に表示されているゆで時間より1分早くタイマーをセットする。湯が沸とうしている状態を保ってゆでる。

まぜるのは最初だけだよ！　あとはさわらずにゆでてね。

7 スパゲッティをざるに上げる

タイマーがなったら、スパゲッティをざるに上げ、オリーブオイルをふりかけてまぜる。

8 たらことまぜる

7 をボウルに入れ、4 を加えてまぜ合わせる。器にもり、きざみのりをのせる。

しめじのクリームスパゲッティ

材料

【2人分】

- スパゲッティ ················· 160g
- にんにく ························· 1片
- しめじ ······················ 1/2パック
- ベーコン ························ 4枚
- 玉ねぎ ··························· 1/2個
- 生クリーム ··················· 150ml
- しょうゆ ························ 小さじ1
- 塩、こしょう ·················· 少々
- オリーブオイル ··············· 大さじ1

つくり方

1 材料を切る

にんにくは縦半分に切り、薄切りにしてから、みじん切りにする。玉ねぎは薄切りにする。しめじは根元を切り落とし、手でほぐす。ベーコンは1cm幅に切る。

2 スパゲッティをゆでる

スパゲッティを袋に表示されているゆで時間より1分早くタイマーをセットしてゆで、ゆであがったらざるに上げる。

スパゲッティのゆで方は、140〜141ページを見てね！

3 にんにくを炒める

フライパンにオリーブオイルとにんにくを入れ、弱火にかけて木べらで炒める。

4 玉ねぎ、ベーコンを炒める

にんにくの香りがしてきたら、玉ねぎ、ベーコンを加えて、中火にして玉ねぎがしんなりするまでさいばしで炒める。

5 しめじを炒める

しめじを加え、炒め合わせる。

6 生クリーム、しょうゆを加える

しめじがしんなりしたら、生クリームを入れてひとまぜし、ふつふつとしてきたら、しょうゆを加えてまぜる。

スパゲッティがゆであがってなければ、ここで1度火を止めてね。

7 スパゲッティとまぜる

2を加えて、中火であたためながらまぜ合わせる。味をみて、塩、こしょうを加えてまぜる。

ミックスサンドイッチ

材料

【2人分】

サンドイッチ用の食パン	8枚
ハム	2枚
レタス	2枚
スライスチーズ	2枚
卵	2個
マーガリン	適量
A　マヨネーズ	大さじ2
砂糖	小さじ1
塩	少々

つくり方

1 ゆで卵をつくる

鍋に卵を入れ、卵がかぶるくらいまで水を入れて強火にかける。沸とうしてきたら弱めの中火にして12分ゆでる。ゆであがったら水につけて冷まし、水の中で殻をむく。

2 パンにマーガリンをぬる

サンドイッチ用の食パンの片面にマーガリンをぬる。

8枚全部の片面に、マーガリンをぬってね。

パート2 定番料理対決!

3 具材をはさむ

食パン1枚にレタス、ハム、チーズを1枚ずつのせ、もう1枚の食パンではさむ。同じようにもう1つつくる。

4 重しをする

ラップでぴったり包み、バットなどの重しをのせてパンと具をなじませる。

> こうやって重しをのせてなじませると、切りやすくなるのよ。

5 ゆで卵をつぶす

ボウルに1を入れ、フォークでつぶす。

6 調味料を加える

5にAの調味料を加えてまぜ合わせる。

7 パンにはさむ

残りの4枚の食パンに6をはさみ、4と同じようにラップで包み、バットなどの重しをのせる。

8 切り分ける

食べやすい大きさに切り分ける。

147

ホットドッグ

材料

【2人分】
- ホットドッグ用のパン ……… 2個
- ソーセージ ……………………… 2本
- キャベツ ………………………… 2枚
- マーガリン …………………… 小さじ2
- 塩 ……………………………………… 少々
- ウスターソース ………… 小さじ1/2
- サラダ油 …………………… 小さじ1
- トマトケチャップ ……………… 適量

まん中に切り目の入っていないパンの場合は、包丁で切り目を入れてね。

つくり方

1 キャベツを切る

キャベツはせん切りにする（254ページ）。

2 キャベツを炒める

フライパンにサラダ油小さじ1/2を入れて中火で熱し、あたたまってきたら1を入れてさいばしで炒める。

3 キャベツに味をつける

しんなりしてきたら塩、ウスターソースを加えて炒め合わせ、バットなどに取り出して冷ます。

4 ソーセージを焼く

フライパンをさっとふき、サラダ油小さじ1/2を中火で熱し、あたたまってきたらソーセージを入れて1〜2分焼いて取り出す。

5 パンにマーガリンをぬる

ホットドッグ用のパンにマーガリンをぬる。

6 具をはさんで焼く

パンに3をつめ、4をのせる。オーブントースターで2分ほど焼き、好みでケチャップをかける。

クリーミー料理 対決

レベル ★☆☆
調理 40分

野菜たっぷりでやさしい味わい。体がポカポカあったまるよ！

ぽっこり クリームシチュー

つくり方は152ページ

じゃがいもの クリームグラタン

つくり方は154ページ

生クリームとじゃがいもで
なめらかクリーミーな本格グラタンに!!

ぽっこり クリームシチュー

材料

【4人分】
- 鶏むね肉（または鶏もも肉） …… 250ｇ
- 玉ねぎ ………………………………… 1個
- じゃがいも …………………………… 2個
- にんじん …………………………… 1/2本
- ブロッコリー ………………………… 4房
- クリームシチューのルウ …… 4皿分
- 牛乳 ………………………………… 200ml
- 水 …………………………………… 700ml
- サラダ油 ………………………… 大さじ1

クリームシチューのルウは商品によって水の分量が違うので、パッケージに書かれている分量を確認して調節してね！

つくり方

1 じゃがいもを切る

じゃがいもはピーラーで皮をむき、芽があれば取る（253ページ）。1個を4つに切って水に5分ほどつけて、ざるに上げて水けをきる。

2 にんじんを切る

にんじんは皮をむき、4㎜厚さの輪切りを4枚切る。輪切りにした4枚のにんじんはラップで包み、電子レンジで40秒加熱し、ハート型でぬく。残りのにんじんは、ひと口大の乱切りにする（253ページ）。

切ったじゃがいもは水につけておこう。じゃがいもを煮込んだときに、どろっとするのを防げるよ。

3 玉ねぎを切る

玉ねぎは上下を落とし、縦半分に切って芯を切り取り、それぞれ4等分になるようにくし形切りにする（253ページ）。

4 ブロッコリーを切る

ブロッコリーは小房に分けたものを縦に切って半分にする。

5 鶏肉を炒める

鶏肉は手で皮を取りのぞき、ひと口大に切る。鍋にサラダ油を入れて中火にかけ、あたたまってきたら鶏肉を入れて木べらで炒める。

6 野菜を加えて炒める

肉の色が変わったら、3、ハート形以外のにんじん、1を順番に加えて炒める。

7 水を加えて煮る

全体がよくまざり合ったら分量の水を加えて、中火〜弱火にして10分ほど煮る。とちゅうでアクが出てきたら取りのぞき（33ページ）、材料がやわらかくなるまで煮る。

8 ルウを加える

火を止めてルウを割り入れ、しずかにまぜてとかす。

9 再び煮て、牛乳を加える

再び弱火にかけ、ときどきまぜながらとろみがつくまで5分ほど煮る。牛乳を加え、つづいてブロッコリーも加えてさらに5分ほど煮る。器にもりつけ、ハート形のにんじんをかざる。

じゃがいものクリームグラタン

材料

【4人分】

じゃがいも	4～5個(皮をむいて500g)
玉ねぎ	1個
牛乳	200ml
生クリーム	200ml
塩	小さじ 3/4
こしょう	少々
粉チーズ	適量
オリーブオイル	大さじ1

つくり方

1 野菜を切る

じゃがいもは皮をむき、薄切りにする。玉ねぎも薄切りにする。

じゃがいものでんぷん質をいかすと、ほどよくとろみがつくので、ここでは水にさらさなくてOK。

2 野菜を炒める

フライパンにオリーブオイルを入れて中火にかけ、あたたまってきたら1を入れて炒める。

3 牛乳、生クリームを加える

玉ねぎがしんなりして、じゃがいもが半透明に色が変わってきたら生クリーム、牛乳を加える。

4 煮る

弱火から中火の間の火加減にし、ふきこぼれないように注意しながら、ときどき木べらでまぜて10分ほど煮る。じゃがいもに火が通ったら、塩、こしょうで味をととのえて火を止める。

5 トースターで焼く

耐熱の器にバター（分量外）を薄くぬり、4をもる。粉チーズを全体にふり、オーブントースターで4〜5分、チーズに焼き色がつくまで焼く。

具だくさんスープ 対決

レベル ★☆☆
調理 25分

とん汁

つくり方は158ページ

ごはんのおかずにもなっちゃうね！豚肉のうまみがしみ出てる〜♪

かんたんポトフ

つくり方は159ページ

パート2 定番料理対決!

レベル ★☆☆
調理 40分

洋風スープの定番!
野菜たっぷり栄養満点!

とん汁

【4人分】
- 豚バラ薄切り肉 …… 100g
- 大根 …… 1/6本
- にんじん …… 1/2本
- ごぼう …… 1/2本
- こんにゃく（アクぬき済み）…… 1/2枚
- 里いも …… 3個
- 木綿豆腐 …… 1/2丁
- 長ねぎ …… 1/2本
- 昆布（10cm角）…… 1枚
- 水 …… 1.2ℓ
- 酒 …… 大さじ2
- みそ …… 大さじ5
- A｜しょうゆ、みりん …… 各小さじ1
- ごま油 …… 大さじ1

つくり方

1 昆布を水にひたす

大きめのボウルに分量の水と昆布を入れて、ひたす。

2 材料を切る

豚肉は3cm幅に、大根、にんじんは7mm厚さのいちょう切りにする。ごぼうはななめ薄切りにして、水に5分ほどつけてから水けをきる。こんにゃくはスプーンで食べやすい大きさにちぎる。里いもは皮をむき、ひと口大に切る。長ねぎは薄い輪切りにする。豆腐は食べやすい大きさに切る。

3 具を炒める

鍋にごま油を入れて中火で熱し、豚肉を炒める。肉の色が変わったら大根、にんじん、ごぼう、こんにゃくを加えて炒める。酒を加えてまぜ合わせたら、1、里いもも加え、強火で加熱する。沸とう直前に昆布を取り出し、アクをすくい取る。

4 みそを加える 新

みその半分をお玉にのせ、とかしながら加え、弱火で10分煮る。いったん火を止め、豆腐、長ねぎ、残りのみそ、Aの調味料を加える。再び火をつけ、沸とう直前で火を止める。

かんたんポトフ

材料

【4人分】

ソーセージ	8本
玉ねぎ	小1個
じゃがいも	2個
にんじん	1/2本
セロリ	1/2本
コンソメ	2個
バター	10g
水	800ml
塩、こしょう	各少々

つくり方

1 玉ねぎを切る

玉ねぎは8等分のくし形切りにする（253ページ）。

2 そのほかの野菜を切る

じゃがいもは皮をむき、芽を取って1個を6等分に切る（253ページ）。にんじんとセロリは4cm長さの棒状に切る。

3 野菜を炒める

鍋にバターと玉ねぎを入れて中火で熱し、木べらで炒める。玉ねぎがしんなりしてきたら、にんじん、じゃがいも、セロリを順に加えて、そのつど炒め合わせる。

4 煮る

分量の水とコンソメを加え、沸とうしてきたらソーセージを加えて20分ほど煮る。塩、こしょうで味をととのえる。

\和食のきほん/
みそ汁をおいしくつくろう！

毎日食べるものだから、おいしくつくりたいよね！
ここできほんをマスターしちゃおう★

つくり方

火の通りやすい 具の場合

1 だしをわかし、具を入れる

鍋にだし（水と和風だしの素）を入れて中火で熱し、沸とうしたら具を加え、やわらかくなるまで煮る。

火の通りにくい 具の場合

1 だし、具を入れてわかす

鍋にだし（水と和風だしの素）と具を入れて中火で熱し、具がやわらかくなるまで煮る。

みそは煮つめないほうが香りが楽しめるのよ！

2 みそを加える

火を少し弱め、お玉にみそをのせて、さいばしでとかしながら加える。再び中火にし、さっと火を通して止める。

豆腐とわかめのみそ汁

材料 【4人分】
豆腐 …… 1/2丁(150g)
わかめ（戻したもの）
　………… 20g
和風だしの素 … 小さじ1
水 …………… 600ml
みそ ………… 大さじ3

1. 豆腐は2cm角に切る。わかめはさっと水洗いし、食べやすい長さに切る。
2. 鍋に分量の水と和風だしの素を入れて中火で熱し、沸とうしたらわかめを入れ、再び沸とうする前にみそをとき入れ、みそがとけたら豆腐を加え、豆腐が浮いてきたら火を止める。

大根と油揚げのみそ汁

材料 【4人分】
大根 …………… 5cm
大根の葉 ……… 少々
油揚げ ………… 1/2枚
和風だしの素 … 小さじ1
水 …………… 800ml
みそ ………… 大さじ3

1. 大根は5mm厚さのひと口大に切る。大根の葉は細かく切る。油揚げは縦半分に切って1cm幅に切る。
2. 鍋に分量の水と和風だしの素を入れて中火で熱し、沸とうしたら大根を入れて煮て、火が通ったら油揚げと大根の葉を加えてさっと煮る。
3. 火を弱め、みそをとき入れ、沸とう直前で火を止める。

じゃがいもと玉ねぎのみそ汁

材料 【4人分】
じゃがいも …… 1個
玉ねぎ ………… 1/2個
和風だしの素 … 小さじ1
水 …………… 600ml
みそ ………… 大さじ3

1. じゃがいもは7mm角の棒状に切り、水に10分ほどつけてざるに上げ、水けをきる。玉ねぎは薄切りにする。
2. 鍋に分量の水と和風だしの素を入れてまぜ、じゃがいもを加えて中火で熱する。沸とうしてきたら玉ねぎを加え、煮立ったら弱火にしてふたをしてじゃがいもと玉ねぎに火を通す。
3. 弱火のままみそをとき入れ、みそがとけたら火を止める。

ふわふわフレンチトースト

材料

【2人分】
- 食パン（6枚切り）……… 2枚
- 卵 ……………………… 2個
- 牛乳 …………………… 120ml
- バター ………………… 大さじ2
- はちみつ（またはメープルシロップ）
  ………………………… 適量
- 砂糖 …………………… 大さじ1
- 粉砂糖（あれば）……… 適量

つくり方

1 卵液をつくる

ボウルに卵を割り入れ、さいばしでほぐす。砂糖を加えてよくまぜ、砂糖がとけたら牛乳を加えてまぜる。

2 食パンを切る

食パンは1枚を4つに切る。

少しかたくなったフランスパンを1cm幅に切って、食パンのかわりにしてもおいしいよ。

3 食パンを卵液につける

バットに2をならべ入れ、1を注ぎ入れる。ときどき裏返しながら、10分ほどつける。

4 パンを焼く

フライパンにバターを入れて中火で熱し、バターがとけたら3をならべ入れる。

5 裏面も焼く

焼き色がついたらさいばしで裏返し、裏面にも焼き色がつくまで焼く。

6 もりつける

焼きあがったら器にもり、あれば粉砂糖をかける。はちみつ（またはメープルシロップ）をかけて食べる。

粉砂糖のかわりに、ココアをかけてもよさそう！

バターはこげやすいから、とけかけぐらいでパンを入れてね！

フルーツパンケーキ

材料

【直径12㎝・16枚分】

ホットケーキミックス	200g
卵	2個
牛乳	300ml
プレーンヨーグルト（無糖）	160g
生クリーム	200ml
砂糖	大さじ2
いちご	1パック
バナナ	2本
メープルシロップ	適量
粉砂糖（あれば）	適量

つくり方

1 生クリームを泡だてる

ボウルに生クリームと砂糖を入れ、泡だて器で角が立つ（写真ぐらい）まで泡だてる。

2 しぼり袋に入れる

1をゴムべらですくってしぼり袋に入れ、冷蔵庫に入れておく。

しぼり袋は高さのあるコップに入れて口を折り返しておくと、クリームが入れやすいよ。

パート2 定番料理対決！

3 生地をつくる

ボウルに卵、牛乳、ヨーグルトを入れ、泡だて器でまぜ合わせる。ホットケーキミックスを加え、なめらかになるまで泡だて器でまぜる。10分ほどおいて休ませる。

4 生地を焼く

フッ素樹脂加工のフライパンを中火にかけ、1分ほどしたら弱火にし、3の生地をお玉1杯分流し入れる。

フッ素樹脂加工のフライパンなら、油をひかないほうがきれいに焼けるよ！ そのほかのフライパンの場合は、薄く油をひいてね。

5 裏面も焼く

表面にプツプツと小さな気泡が出てきたら、フライ返しで裏返し、裏面も焼く。同じようにして、3の生地がなくなるまで焼く。

6 フルーツを切る

いちごはヘタを取って半分に切る。バナナは1cm幅に切る。

7 もりつける

器に5を少し重ねて花のようにもりつけ、まん中に2をたっぷりしぼる。6をかざり、メープルシロップをかける。あれば粉砂糖をかける。

167

にんじんのグラッセ

材料 【つくりやすい分量】

にんじん	大1本（150g）
A バター	15g
砂糖	大さじ1
水	小さじ1
塩	少々
乾そうパセリ（あれば）	少々

つくり方

1. にんじんは皮をむき、厚さ7〜8mmの輪切りにし、好みのクッキー型でぬく。
2. 耐熱ボウルに1、Aを入れてラップをして、電子レンジで1分加熱する。
3. 塩を加え、ラップをして電子レンジでさらに1〜2分加熱する。器にもり、あればパセリをふる。

「電子レンジだけでできるからカンタンよ！」

「電子レンジで加熱するのを2回に分けて、1回目で先に甘みをつけておくと味つけがうまくいくわよ」

「かわいいね！」「ね！」

にんじん

色あざやかなにんじんは、
見た目もきれい！
ほんのりした甘みも味わって。

材料 【4人分】

にんじん
　……… 1本(120〜150g)
塩 ………… 小さじ1/2
A｜酢 ………… 大さじ2
　｜砂糖 ……… 大さじ1
　｜オリーブオイル
　　………… 大さじ1

和食にも洋食にも合う、さっぱり味

にんじんサラダ

1 にんじんは皮をむき、せん切り用のスライサーを使って切る。

※せん切り用のスライサーがない場合や、使いなれていない場合は、ピーラーで薄切りにしてから、包丁で細切りにするとよい。

2 ボウルに1を入れて塩をふり、よくもむ。水けが出てきたら、軽くしぼる。

3 別のボウルにAを入れてまぜ合わせ、2を加えて全体になじませる。

冷蔵庫で2〜3日保存できるわよ。

パート3 野菜の小さなおかず

にんじんしりしり

「しりしり」って、沖縄の家庭料理なんだって!

材料【4人分】

- にんじん ……… 1本(120〜150g)
- 卵 ……………………… 2個
- かつおぶし …………… 4g
- ごま油 ……… 大さじ1強
- めんつゆ(3倍濃縮) ………………… 大さじ2
- 塩、こしょう …… 各適量

かつおぶしのうまみが味つけのポイント!

1 にんじんは皮をむき、せん切り用のスライサーを使って切る。

※せん切り用のスライサーがない場合や、使いなれていない場合は、ピーラーで薄切りにしてから、包丁で細切りにするとよい。

2 フライパンにごま油を入れて中火で熱し、にんじんを入れて炒める。しんなりしてきたらめんつゆを加え、全体をさっと炒める。

3 卵をときほぐして2にまわし入れ、炒め合わせる。火を止め、かつおぶしを加えて混ぜ、塩、こしょうで味をととのえる。

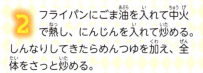

めんつゆを加えるとこげやすくなるので手早く炒めてね。

173

ほうれんそう

栄養満点なほうれんそうは、油で炒めると栄養の吸収がよくなるよ！

材料　【4人分】

- ほうれんそう ……… 1束(200g)
- ホールコーン …… 100g
- バター ……………… 15g
- 塩、こしょう …… 各適量

バターの香りがたまりません！

ほうれんそうソテー

1 ほうれんそうは根元のほうをよく洗ってかたい部分を切り落とし、3〜4cm長さに切る。

ほうれんそうを炒めるとき、葉のほうがすぐにしんなりするので、茎のほうから先に入れて炒めてね！

2 フライパンにバターを入れて中火にかけ、バターがとけてきたら1を入れて炒め、しんなりしたらコーンを加えて炒める。塩、こしょうで味をととのえる。

パート3 野菜の小さなおかず

ほうれんそうのごまあえ

材料 【4人分】

- ほうれんそう …… 1束(200g)
- 塩 …… 少々
- A
  - 白すりごま … 大さじ1
  - 砂糖 …… 小さじ2
  - しょうゆ … 大さじ1/2

ごまの風味がおいしさの決め手!

1 ほうれんそうはよく洗い、根元のかたい部分を切り落とす。

2 鍋にたっぷりの湯をわかし、塩少々を加えてほうれんそうを根元から入れ、1〜2分ゆでる。ゆであがったらすぐに冷水にとって冷ます。

3 2の水けをしっかりしぼり、3〜4cm長さに切る。

4 ボウルにAの材料を入れてまぜ合わせ、3をもう一度水けをしぼってから加え、まぜ合わせる。

175

トマト

生のトマトは甘ずっぱくて、加熱するとうまみがアップ！料理の彩りもよくなるよ。

焼くと甘みがアップするよ！

材料 【4人分】

トマト	2個
バター	10g
しょうゆ	大さじ1
こしょう	少々

トマトのバターソテー

1 トマトは横に1cm厚さの輪切りにする。

💬 トマトは横に切ったほうが、種が流れ出にくいんだって！

💬 種部分には、うまみがたっぷりだからいっしょにソテーしてね！

2 フライパンにバターを入れて中火にかけ、バターがとけたらトマトをならべて1分ほど焼く。焼き色がついたら裏返し、しょうゆをまわし入れてさらに1分ほど焼く。

中

3 器にもり、こしょうをふる。

パート3 野菜の小さなおかず

材料　【4人分】

- トマト 2個
- A
  - おろしにんにく .... 少々
  - レモン汁 小さじ2
  - オリーブオイル 大さじ1
- 塩 小さじ1/2
- こしょう .... 少々

1 トマトは縦半分に切ってヘタを取り、1.5cm角に切る。

2 ボウルに1とAの材料を入れてまぜ、塩、こしょうで味をととのえる。

パンにのせて食べるとおいしいよ!

トマトサルサ

チーズとの相性はバツグンです!

トマトチーズ焼き

材料　【1人分】

- トマト 1個
- スライスチーズ 1枚
- 塩、こしょう .... 各適量
- オリーブオイル 大さじ1/2

1 トマトは横半分に切る。チーズは半分に切る。

2 耐熱の器に1をのせ、スライスチーズをのせて電子レンジで40〜50秒加熱する。塩、こしょう、オリーブオイルをかける。

177

ブロッコリー

栄養が豊富な緑の野菜。
小房に切り分けてゆでておくと、すぐに使えて便利！

にんにくの香りが食欲をそそります！

ブロッコリーのガーリック炒め

材料 【4人分】

- ブロッコリー ……… 1株
- にんにく ……………… 1片
- オリーブオイル ……… 大さじ1
- A
  - 水 ……… 100ml
  - 塩 ……… 小さじ1/4
- 塩、こしょう …… 各適量

1 ブロッコリーは小房に切り分ける。にんにくは薄切りにする。

2 フライパンにオリーブオイルとにんにくを入れて弱火にかけ、香りが出てきたらブロッコリーを入れて炒める。

3 油が全体にゆきわたったら、Aの材料を加えてふたをし、2～3分蒸し焼きにする。

中

4 汁けが少なくなりブロッコリーに火が通ったら、塩、こしょうで味をととのえる。

178

パート3 野菜の小さなおかず

材料 【4人分】

ブロッコリー	1株
マヨネーズ	大さじ3
カレー粉	小さじ1
塩、こしょう	各適量

カレー粉が味のアクセントに！

1. ブロッコリーは小房に切り分ける。

2. 鍋に湯をわかして塩少々を加え、1を入れて2分ほどゆでる。ざるに上げて水けをきる。 中

3. ボウルに2を入れ、マヨネーズ、カレー粉をまぜ合わせる。塩、こしょうで味をととのえる。

ブロッコリーのカレーマヨあえ

朝ごはんにおすすめだよ★

材料 【4人分】

ブロッコリー	1株
バター	適量
トマトケチャップ	大さじ2～3
ピザ用チーズ	40～50g

1. ブロッコリーは小房に切り分ける。

2. 鍋に湯をわかして塩少々を加え、1を入れて2分ほどゆでる。ざるに上げて水けをきる。

3. 耐熱の器にバターを薄くぬり、2を入れ、ケチャップをかける。ピザ用チーズをのせてオーブントースターで3～4分、チーズがとけるまで焼く。

ブロッコリーチーズ焼き

179

もやし

安さが魅力のもやし！
いたみやすいので、買って
きたらすぐに調理しよう！

もやしをたっぷり入れて
食感を楽しもう♪

材料 【4人分】

- もやし …… 1/2袋（100g）
- 卵 …………………… 1個
- 水 …………………… 800ml
- 鶏がらスープの素
  ……………………… 大さじ1
- しょうゆ ……… 小さじ1
- 塩、こしょう …… 各適量

もやしスープ

1 鍋に分量の水、鶏がらスープの素、しょうゆを入れて中火にかけ、煮立ったらもやしを加えてさっと煮る。

もやしのシャキシャキとした食感を楽しみたいので、煮るのはさっと、1分ほどでOKよ！

2 小さな容器に卵を割り入れてほぐし、1にまわし入れる。卵に火が通ったらすぐに火を止め、塩、こしょうで味をととのえる。

中 → 止

パート3 野菜の小さなおかず

材料 【4人分】

もやし ……………………… 1袋(200g)
A│ おろしにんにく ……………… 少々
　│ ごま油 ………………………… 小さじ2
　│ 塩 …………………………… 小さじ1/2
　│ 白いりごま …………………… 大さじ1

1 耐熱皿にもやしを広げ入れ、ラップをして電子レンジで3〜4分加熱する。

2 Aの材料を加えてまぜ合わせる。

ごま油と塩でみんな大好きな味に!

もやしのナムル

シンプルな中華風のサラダ★

もやしサラダ

材料 【4人分】

もやし ……………………… 1袋(200g)
ハム ………………………………… 2枚
A│ 酢 ……………………………… 小さじ1
　│ しょうゆ ……………………… 小さじ1
　│ ごま油 ………………………… 小さじ1
塩、こしょう …………………… 各少々

1 耐熱皿にもやしを広げ入れ、ラップをして電子レンジで3〜4分加熱する。

2 ハムは半分に切り、細切りにする。

3 1に2、Aの材料を加えてまぜ合わせ、塩、こしょうで味をととのえる。

181

きゅうり

生のまま食べられるから
浅づけや酢のものにすると
おいしいよ！

こってりおかずに組み合わせるといいよ！

材料 【4人分】

- きゅうり ……………… 2本
- わかめ（乾そう）……… 5g
- 塩 ……………… 小さじ1/2
- A
  - 酢 ……………… 100ml
  - しょうゆ … 小さじ1
  - 砂糖 ……… 大さじ2

きゅうりとわかめの酢のもの

1 きゅうりは薄い輪切りにして塩でもみ、水けが出てきたら軽くしぼる。

2 わかめは水につけて戻し、やわらかくなったら水けをしぼる。

3 ボウルにAの材料を合わせ、1、2を加えてまぜ合わせる。

パート3 野菜の小さなおかず

ポリ袋でかんたんに！

材料 【4人分】

きゅうり	3本
しょうが	1片
塩	小さじ1/5
めんつゆ（3倍濃縮）	大さじ3
水	大さじ1

1 きゅうりは3cm長さに切り、縦に十字に切る。塩をもみ込み、水けが出てきたら軽くしぼる。

2 しょうがは薄切りにしてから、せん切りにする。

3 密封できるポリ袋に1、2、めんつゆ、分量の水を入れて軽くもみ、しばらくおいて味をなじませる。

きゅうりの浅づけ

きゅうりバー

おやつにもおすすめだよ！

鶏がらスープの素のかわりに、昆布茶小さじ1をもみ込んでもおいしいよ！

材料 【4人分】

きゅうり	2本
塩	小さじ1/5
鶏がらスープの素	小さじ1

1 きゅうりはピーラーでところどころ皮をむき、半分に切って塩をもみ込む。水けが出てきたら軽くしぼる。

2 密封できるポリ袋に1と鶏がらスープの素を入れ、軽くもみ、しばらくおいて味をなじませる。割りばしをさす。

キャベツ

生でも加熱してもおいしい！
塩をまぜるとしんなりして
食べやすくなるよ！

マヨネーズであえた
人気のサラダ！

材料 【4人分】

キャベツ …… 1/4個（200〜250g）
塩 …………… 小さじ1/5
ホールコーン … 大さじ4
A｜マヨネーズ …………… 大さじ3
　｜酢 … 大さじ1と1/2
　｜砂糖 …… 大さじ1/2
塩、こしょう …… 各少々

コールスロー

1 キャベツはせん切りにする（254ページ）。

2 ボウルに1を入れ、塩をもみ込み、水けが出てきたら軽くしぼる。

3 コーンとAの材料を加えてまぜ、塩、こしょうで味をととのえる。

パート3 野菜の小さなおかず

キャベツの塩昆布あえ

材料 【4人分】

キャベツ	1/4個（約250g）
塩	小さじ1/5
塩昆布	10g
バター	10g

1. キャベツはひと口大のざく切りにする。
2. 耐熱ボウルに1を入れ、塩をふってバターをのせ、ラップをして電子レンジで2〜3分加熱する。
3. 塩昆布を加えてまぜ合わせる。

塩昆布で味つけバッチリ！

やみつきキャベツ

材料 【4人分】

キャベツ		1/4個（約250g）
A	おろしにんにく	少々
	鶏がらスープの素	小さじ1
	ごま油	大さじ1

1. キャベツは食べやすい大きさに手でちぎる。
2. ボウルに1を入れ、Aの材料を加えてまぜ合わせる。

1度食べたらクセになるおいしさ！

大根

葉に近いほうが甘いのでサラダなど、根のほうはからいので煮ものなどに使います。

材料 【4人分】

大根	300g
A 鶏がらスープの素	小さじ1
片栗粉	大さじ5
小麦粉	大さじ5
水	大さじ3
ごま油	適量
ポン酢しょうゆ	適量

大根もち

外はカリッと、中はもっちり!

1 大根はせん切り用のスライサーで切ってボウルに入れ、Aの材料を加えてよくまぜる。

2 フライパンにごま油少々を入れて中火にかけ、あたたまってきたら1をスプーンなどでひと口大にまとめて入れる。2分ほど焼いたら裏返し、さらに1分ほど焼いて両面に焼き色をつける。

3 器にもり、ポン酢しょうゆをそえる。

パート3 野菜の小さなおかず

大根ステーキ

材料 【4人分】

- 大根 ………… 16cm
- にんにく(薄切り) … 1片分
- バター ………… 20g
- しょうゆ …… 小さじ4
- こしょう ………… 少々
- 細ねぎ(小口切り) … 少々

レンジで加熱するともっちりしておいしくなる！

1 大根は2cm厚さの輪切りにし、皮をむく。表面に十字に切り込みを入れる。

2 耐熱皿に1をならべ、水大さじ2(分量外)をふりかけ、ラップをして電子レンジで8分加熱する。1度取り出して裏返し、もう一度ラップをしてさらに1～2分加熱する(竹ぐしが通るくらいにする)。

3 フライパンにバターとにんにくを入れて弱火にかけ、香りが出てきたら2をならべる。両面にこんがり焼き色がついたら、しょうゆを加えてからめる。器にもり、こしょう、細ねぎをふる。

大根と油揚げの煮もの

材料 【4人分】

- 大根 … 1/2本(約400g)
- 油揚げ ……… 1/2枚
- A
  - みりん …… 大さじ3
  - 酒 ………… 大さじ3
  - しょうゆ …… 大さじ3
  - 砂糖 ……… 大さじ1

冷まして味をしみ込ませるのがコツ！

1 大根はピーラーで皮をむき、7～8mm厚さのいちょう切りにする。油揚げは縦半分に切り、1cm幅に切る。

2 鍋に1を入れ、水をひたひたになるくらいに(400～500ml)入れる。Aを加え、落としぶたをして10～15分煮る。大根がやわらかくなるまで煮たら火を止め、そのまま冷ます。

中

なす

煮汁や油がしみ込んでおいしい！皮をむくととろっとした食感も楽しめる！

油で焼いたなすに甘いみそがよく合う！

材料 【4人分】

- なす ･････････ 4本
- A みそ ･･････ 大さじ3
-   砂糖 ･･･ 大さじ1と1/2
-   みりん ･････ 大さじ1
- サラダ油 ･････ 大さじ2
- 白すりごま ･･･ 大さじ1

なす田楽

1. なすは縦半分に切る。

2. フライパンにサラダ油を入れて中火にかけ、あたたまってきたら1を切り口を下にしてならべ、しんなりするまで焼き、器に取り出す。

3. 耐熱容器にAの材料を入れ、ラップをかけずに電子レンジで50秒〜1分加熱する。すりごまを加えてまぜ合わせたら、2のなすの切り口にぬる。

Aの材料をまぜた甘みそは、ゆでたこんにゃくにのせてもおいしいよ！

パート3 野菜の小さなおかず

材料 【4人分】

なす	4本
ごま油	大さじ2
砂糖	大さじ2
しょうゆ	大さじ2
酒	大さじ1
白いりごま	適量

1. なすはひと口大の乱切りにする（253ページ）。

2. フライパンにごま油を入れて中火にかけ、あたたまってきたら1を入れて炒める。油が全体にゆきわたったら砂糖、酒を加えてしんなりするまで炒める。

3. しょうゆを加え、汁けが少なくなるまで炒める。器にもり、ごまをちらす。

甘からのたれがジュワー!!

なすの甘辛炒め

蒸すとジュワッとやわらかに！

レンジ蒸しなす

材料 【4人分】

なす	4本
かつおぶし	適量
しょうゆ	適量

1. なすはピーラーで皮をむき、耐熱皿にならべてラップをかけ、電子レンジで4分加熱する。様子を見て全体にしんなりするまでさらに1〜2分加熱する。

2. さわれるぐらいに冷めたら、手で食べやすくさく。器にもり、かつおぶしをのせ、しょうゆをかけて食べる。

玉ねぎ

生のままだとからいけれど
水につけたり、加熱したり
すると甘〜くなるよ！

電子レンジを使うと
かんたん！

丸ごと玉ねぎのスープ

材料【4人分】

- 玉ねぎ …………… 小4個
- ベーコン …………… 2枚
- A ┃ コンソメ … 小さじ1
    ┃ 水 ………… 200ml
- B ┃ コンソメ … 大さじ1/2
    ┃ 水 ………… 300ml
- 塩、こしょう …… 各適量
- 乾そうパセリ (あれば)
  ………………………… 適量

1 玉ねぎは上下を少し切り落とし、上面に十字に切り込みを入れる。

2 ベーコンは細切りにする。

3 耐熱ボウルに1とAの材料を入れてラップをし、電子レンジで8分加熱する。1度取り出して玉ねぎの上下を替えて、再びラップをしてさらに2〜3分加熱する。

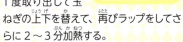

4 鍋にBの材料と2を入れて中火にかけ、煮立ったら塩、こしょうで味をととのえる。

5 器に3の玉ねぎを入れ、4のスープを注ぎ入れる。あればパセリをちらす。

パート3 野菜の小さなおかず

材料 【4人分】

玉ねぎ	1個
A レモン汁	小さじ2
オリーブオイル	大さじ1
塩	適量
こしょう	少々

レモン汁でさわやかな味に！

玉ねぎのマリネ

1 玉ねぎは縦半分に切ってから薄切りにする。ボウルに入れ、塩小さじ1/5をふってもみ込み、水洗いする。ざるに上げ、水けをしぼる。

2 ボウルに1を入れ、Aを加えてまぜ合わせ、塩、こしょうで味をととのえる。

マヨとおかかがよく合う！

玉ねぎのおかかあえ

材料 【4人分】

玉ねぎ	1個
かつおぶし	4～5g
マヨネーズ	大さじ2
しょうゆ	小さじ2～大さじ1

1 玉ねぎは縦半分に切ってから薄切りにし、水に5分ほどつける。ざるに上げ、水けをしぼる。

2 ボウルに1を入れ、かつおぶし、マヨネーズ、しょうゆを加えてまぜ合わせる。器にもり、かつおぶし（分量外）をかける。

玉ねぎは薄切りにして水につけておくと、からみがぬけるわよ。

さつまいも

甘みがあって食べごたえ満点！ 皮はよく洗えば、むかなくてもOK！

甘いたれがからんで絶品。おやつにもおすすめ！

大学いも

材料 【4人分】

- さつまいも …… 大1本(300g)
- 黒いりごま ………… 適量
- サラダ油 …………… 適量
- A
  - みりん …… 大さじ2
  - 砂糖 ……… 大さじ2
  - しょうゆ … 小さじ1

1 さつまいもは縦半分に切ってから、厚さ7〜8mmの薄切りにする。

2 フライパンに油を高さ1cmほど入れ、1を入れて中火にかけ、全体がこんがりして、竹ぐしがささるくらいになるまで揚げ焼きにし、網などにいったん取り出して油をきる。

3 フライパンをキッチンペーパーなどでさっとふき、Aを入れて中火にかける。ふつふつとしてきたら2を戻し入れ、たれを全体にからめる。黒ごまを加えてまぜ合わせる。

たれを入れると、こげやすくなるから手早くまぜてね。

パート3 野菜の小さなおかず

材料

【4人分】

さつまいも ……… 1本（300g 前後）
A｜レモン汁 ………… 大さじ2
　｜砂糖 ……………… 大さじ4〜5
　｜塩 ………………… 小さじ1/5

1. さつまいもは厚さ1cmの輪切りにし、水に10分ほどつける。ざるに上げて水けをきる。

2. 鍋に1を入れ、ひたひたになるくらいの水とAを入れて中火にかける。落としぶたをして6〜8分、さつまいもがやわらかくなるまで煮る。

レモンがさつまいもの甘みを引き立てる！

さつまいものレモン煮

材料

【4人分】

さつまいも …… 1本（300g 前後）
白いりごま ……… 適量
バター …………… 20g

A｜砂糖 …… 大さじ1
　｜しょうゆ … 大さじ1
　｜みりん … 大さじ1

1. さつまいもは幅5〜6cmに切り、縦に厚さ5〜6mmの薄切りにしてから、さらに細切りにして棒状に切る。水に10分ほどつけて、ざるに上げて水けをきる。

2. フライパンにバターを入れて中火にかけ、とけてきたら1を入れて4〜5分ほど炒める。さつまいもがシャキッとするくらいになったらAを加え、汁けがなくなるまで炒める。最後に白ごまを加えてまぜ合わせる。

バターで炒めるのがおいしさのヒミツ！

さつまいものきんぴら

かぼちゃ

ほくほくとして、ほんのり甘い。和風にも洋風にもアレンジできるよ。

油で揚げずにトースターで焼くだけ!

材料 【8個分】
- かぼちゃ …………… 1/4個
- バター ……………… 15g
- 塩、こしょう ……… 各適量
- パン粉 ……… 大さじ5〜6

かぼちゃの焼きコロッケ

1 フライパンにパン粉を入れて中火にかけ、ゴムべらでまぜながらきつね色になるまで炒める。

2 かぼちゃは種とわたをスプーンでのぞき、水でさっと洗い、水けがついたままラップで包む。電子レンジで1分ほど加熱し、取り出してひと口大に切る。

> かぼちゃを切りやすくするために、少しだけ電子レンジで加熱します。加熱しすぎないようにしてね。

3 耐熱ボウルに2を入れ、ラップをして再び電子レンジで3分ほど加熱する。熱いうちにフォークなどでつぶし、バター、塩、こしょうを加えてまぜる。8等分して丸め、1をまぶしつける。

4 オーブントースターの天板にアルミはくをしき、3をならべる。オーブントースターで4〜5分焼く。

パート③ 野菜の小さなおかず

材料

【つくりやすい分量】

かぼちゃ …………… 1/4個（300g）
A│砂糖 ………………… 大さじ2
　│みりん ……………… 大さじ2
　│しょうゆ …………… 小さじ2
　│水 …………………… 100ml

定番の煮ものが電子レンジで！

1 かぼちゃは194ページと同じようにしてひと口大に切る。

2 耐熱のボウルにAの材料を入れてまぜ、1を加えてラップをし、電子レンジで3分加熱する。いったん取り出して全体をかきまぜ、もう一度ラップをしてさらに1〜2分加熱する。ラップをしたまま冷まして味をなじませる。

かぼちゃの甘煮

パンにも合うおしゃれなサラダ。

材料

【4人分】

かぼちゃ ……… 1/4個　　A│マヨネーズ … 大さじ2
きゅうり ……… 1本　　　 │酢 ………… 小さじ1
ハム …………… 2枚　　　 │砂糖 ……… 小さじ1
　　　　　　　　　　　　　塩、こしょう … 各適量

1 かぼちゃは194ページと同じようにしてひと口大に切る。

2 きゅうりは薄い輪切りにし、塩小さじ1/5をもみ込み、水けが出てきたらしぼる。ハムは半分に切ってから細切りにする。

3 耐熱ボウルに1を入れ、ラップをして電子レンジで3分ほど加熱する。熱いうちにフォークなどでつぶし、2とAを加えてまぜ合わせ、塩、こしょうで味をととのえる。

かぼちゃサラダ

195

じゃがいも

大人気のじゃがいも！
揚げたりチンしたり
いろいろできるよ！

ホックホクでおいしい♪
おやつにもぴったり！

材料 【4人分】

- じゃがいも …………… 3〜4個(皮をむいて300g)
- A
  - 卵黄 ………… 1個分
  - 強力粉 …… 大さじ5
  - 粉チーズ … 大さじ2
  - 塩 ……… 小さじ3/4
  - こしょう ……… 少々
- サラダ油 …………… 適量
- トマトケチャップ …… 適量

揚げニョッキ

1 じゃがいもは皮をむき、ひと口大に切って鍋に入れ、ひたひたになるくらいに水を入れ、中火にかける。じゃがいもに竹ぐしが通るまで6〜7分ゆでたら、強火にして水分を飛ばす。

2 ボウルに1を移してフォークなどでつぶし、Aの材料を加えてまぜ合わせる。ひと口大に丸める。

3 フライパンにサラダ油を1cmほど入れて中火にかけ、あたたまってきたら2を入れて広げ、3〜4分ほどころがしながらきつね色になるまで揚げ焼きにする。

4 油をきって器にもり、ケチャップをそえる。

パート③ 野菜の小さなおかず

レンジじゃがバター

レンジであっという間に完成！

材料【4人分】
- じゃがいも …………… 2個
- バター ………………… 20g
- 塩、こしょう ………… 各適量

1 じゃがいもはよく洗い、ぬらしたキッチンペーパーで包み、さらにラップで包んで電子レンジで4分加熱する。上下をひっくり返し、さらに2〜3分加熱する。

2 じゃがいもに竹ぐしがさせるくらいになったら器にもり、皮に十字に切り込みを入れて少しはがし、バターをのせる。塩、こしょうをふる。

ツナポテト

ゆでたじゃがいもにツナとマヨネーズをまぜるだけ！

材料【4人分】
- じゃがいも … 3〜4個
- ツナ ………… 小1缶
- マヨネーズ … 大さじ3
- 塩、こしょう … 各少々

1 じゃがいもは皮をむき、ひと口大に切って水に10分ほどつける。ざるに上げ、水けをきる。

2 鍋にたっぷりの水と1を入れ、中火にかける。6〜7分ゆでてじゃがいもに火が通ったら、湯を捨て強火にして水分を飛ばす。

3 ボウルに2を入れ、ツナ、マヨネーズを加えてまぜ合わせ、塩、こしょうで味をととのえる。

197

れんこん

甘辛しょうゆ味でごはんがすすむ！

クセがなくて食べやすい！
シャキシャキとした食感が楽しめるよ。

材料

【4人分】

- れんこん … 大きめ1節(200g)
- A
  - しょうゆ … 大さじ1と1/3
  - 酒 … 大さじ1と1/3
  - みりん … 大さじ1と1/3
  - 砂糖 …… 大さじ1/2
- ごま油 ………… 大さじ1
- 白いりごま ………… 適量

れんこんのきんぴら

1 れんこんはピーラーで皮をむき、縦半分に切ってから、薄切りにする。大きければ、さらに半分に切って酢水に5分ほどつける。ざるに上げ、水けをきる。

れんこんの変色を防ぐために酢水につけるの。酢水はボウルに水400mlを入れて、酢小さじ1を入れてね。

2 小さな容器にAの材料をまぜ合わせる。

3 フライパンにごま油を入れて中火にかけ、あたたまってきたら、水けをきった1を入れて炒める。

4 れんこんに火が通ってきたら2を加え、照りが出るまで炒め合わせる。器にもり、ごまをちらす。

パート3 野菜の小さなおかず

れんこんと ツナの サラダ

材料 【4人分】
- れんこん … 1節(150〜180g)
- ツナ …………… 小1缶
- マヨネーズ …… 大さじ3
- めんつゆ(3倍濃縮)
  ………… 大さじ1/2
- 塩、こしょう …… 各適量

シャキシャキの食感がおいしい★

1 れんこんはピーラーで皮をむき、縦半分に切ってから、薄切りにする。大きければ、さらに半分に切って酢水に5分ほどつける。ざるに上げ、水けをきる。

2 鍋にたっぷりの湯をわかし、塩少々を加え、水けをきった1を入れて1〜2分ゆでる。ざるに上げ、水けをきる。

3 ボウルにツナ、2、マヨネーズ、めんつゆを入れてまぜ合わせ、塩、こしょうで味をととのえる。

199

あったか もう1品！

かんたんスープ

いろいろな野菜が入っているスープは栄養満点！
コトコト煮込んでつくってみてね★

ミネストローネ

レベル ★☆☆
調理 20分

野菜たっぷりのおかずスープ
粉チーズをふってもおいしいよ★

かんたんスープ

材料

【4人分】
- じゃがいも … 1個
- にんじん … 1/2本
- キャベツ … 1枚（80g）
- 玉ねぎ … 1/2個
- ベーコン … 2枚
- にんにく（みじん切り）… 1片分
- オリーブオイル … 大さじ1

A
- トマトの水煮（缶詰）… 1缶（400g）
- ローリエ … 1枚
- 水 … 400ml
- コンソメ … 小さじ2
- 砂糖 … 小さじ2
- 塩、こしょう … 各少々

つくり方

1 野菜を切る

じゃがいも、にんじん、玉ねぎは1cm角に切る。キャベツも同じくらいの大きさに切る。ベーコンは細切りにする。

2 野菜を炒める

鍋にオリーブオイルとにんにくを入れて中火にかけ、香りが出てきたら1を入れて炒める。

3 トマト缶、調味料を入れて煮る

野菜がしんなりしてきたらAを加え、ふつふつとするくらいの火加減で野菜がやわらかくなるまで8〜10分煮る。塩、こしょうで味をととのえる。

中華卵スープ

レベル ★☆☆
調理 15分

とろんとした口あたり
お酢を少したらすといいよ!

かんたんスープ

材料

【4人分】
- 卵 ……………………… 2個
- 長ねぎ ………………… 1/2本
- にんじん ……………… 小1本
- しいたけ ……………… 2枚
- 鶏がらスープの素 …… 大さじ1
- 水 ……………………… 800ml
- しょうゆ ……………… 小さじ2
- 塩、こしょう ………… 各少々
- 水とき片栗粉
  - 片栗粉 ……………… 大さじ1
  - 水 …………………… 大さじ2

つくり方

1 野菜を切る

長ねぎはななめ薄切りにする。にんじんは4cm長さの薄切りにする。しいたけはじくを取り、薄切りにする。

2 煮る
鍋に分量の水と鶏がらスープの素を入れて中火で熱し、沸とうしてきたら1を加え、野菜がやわらかくなるまで煮る。

3 味をととのえ、とろみをつける

しょうゆ、塩、こしょうを加え、水とき片栗粉を加えてまぜ、とろみをつける。

4 卵を流し入れる

小さなボウルに卵を割り入れてよくほぐし、さいばしにつたわせながら、3の鍋に円を描くようにまわし入れる。ふたをして火を止め、卵がかたまるまでしばらくおく。

> 卵を少しずつ加えるには、さいばしでよくときほぐしておくのがポイントだよ。

コーンクリームスープ

材料【4人分】

- クリームコーン(缶詰) ……… 1缶(400g)
- コンソメ ……… 1個
- 牛乳 ……… 200ml
- パセリのみじん切り ……… 適量

さむ～い朝におすすめ！
パンといっしょにめしあがれ♪

レベル ★☆☆
調理 15分

つくり方

1 クリームコーンをあたためる

鍋にクリームコーンを入れ、牛乳とコンソメを加えて中火で熱し、木べらでしずかにまぜながらあたためる。

2 もりつける

器にもり、パセリをちらす。

スープがあたたまったら完成だよ！

かんたんスープ

レタスと落とし卵のスープ

材料 【4人分】

- レタス ……… 2〜3枚
- 卵 ……………… 4個
- コンソメ ……… 小さじ2
- 水 ……………… 600ml
- 塩、こしょう …… 各少々

煮すぎないのがコツ

シャキシャキレタスがいい感じ★

レベル ★☆☆

調理 15分

つくり方

1 スープをつくり、卵を入れる

小さな容器に卵を割り入れておく。鍋に分量の水とコンソメを入れて中火にかけ、煮立ったら卵をしずかに入れ、好みのかたさになるまで煮たら火を止める。

2 レタスを加える

レタスをちぎり入れ、塩、こしょうで味をととのえる。

フライドポテト

材料 【つくりやすい分量】

- じゃがいも ………………… 3個
- 塩 ………………………… 適量
- 揚げ油 …………………… 適量
- 乾そうパセリ（あれば）…… 適量

つくり方

1. じゃがいもは皮をむき、細切りして水に10分ほどつける。ざるに取って水けをきり、水けをよくふく。

2. フライパンに1cmほどの油を入れ、1を入れて揚げる。こんがりしてきたらキッチンペーパーをしいた器に取り出し、油をきる。塩をふり、あればパセリをかける。

パート4 おうちでパーティーメニュー

らくらくえびピラフ

材料

【4人分】
- 米 ……………………………… 2合
- えび …………………………… 16尾
- 小麦粉 ………………………… 大さじ1
- 玉ねぎ ………………………… 1/2個
- にんじん ……………………… 1/4本
- コーン ………………………… 60g
- ミニトマト …………………… 4個
- パセリ（あれば） …………… 適量
- A｜コンソメ …………………… 1個
- 水 ……………………………… 360ml
- 塩 ……………………………… 小さじ1
- バター ………………………… 大さじ2

つくり方

1 米を洗う

米は洗ってざるに上げて水けをきり、30分以上おく。

2 えびの背わたを取る

えびは殻をむき、背に包丁で切り込みを入れ、竹ぐしなどで背わたを引き出して取りのぞく。

211

3 えびの汚れを取る

ボウルに 2 と小麦粉を入れ、手でまぜ合わせる。粉が黒っぽくなりえびの汚れが粉に移ったら、水で 2～3 回洗って粉を落とし、ざるに上げて水けをきる。

こうすると、えびの汚れやくさみが取れるのよ！

4 玉ねぎ、にんじんを切る

玉ねぎとにんじんは、それぞれ細かくみじん切りにする（254～255 ページ）。

5 玉ねぎ、にんじんを炒める

フライパンにバターを入れて中火で熱し、バターがとけたら 4 を入れ、木べらで炒める。

6 えびを加える

玉ねぎがしんなりしてきたら、コーン、3 のえびを順に加えて炒め合わせる。

パート4 おうちでパーティーメニュー

7 米を加える

えびの色が変わってきたら1を加え、米がすき通るまでよく炒めたら、炊飯器の内釜に移す。

8 スープをつくる

耐熱ボウルにAを入れ、電子レンジで1分ほど加熱してあたため、コンソメをとかす。

> スープは何に使うの？

> このスープでお米を炊くの。だから水の分量はここでしっかりはかってね。

9 炊飯器の内釜に入れる

7に8を注ぎ入れ、炊飯器にセットしてふつうに炊く。

> 内釜の目もりとぴったりにはならないけど、スープの量を増やしたり減らしたりしないこと。8でしっかりはかってあるから大丈夫よ。

10 もりつける

炊きあがったら器にもり、みじん切りにしたパセリとミニトマトをかざる。

骨つき照り焼きチキン

材料

【4人分】
- 鶏手羽元 ……………… 8本
- にんにく ……………… 1片
- A
  - しょうゆ …… 大さじ4
  - 砂糖 ………… 大さじ3
  - みりん ……… 大さじ2
- サラダ油 …………… 小さじ2
- リーフレタス（あれば）…… 適量

つくり方

1 鶏肉に穴をあける
鶏肉は味がしみ込みやすいように、ところどころフォークをさして穴をあける。

2 にんにくを切る
にんにくは縦半分に切って薄切りにする。

3 鶏肉をたれにつける

密封できるポリ袋にAの調味料を入れてよくまぜ、1、2を加えて袋の口をしっかりとじ、冷蔵庫に入れて30分～1時間つける。

4 鶏肉を焼く

フライパンにサラダ油を入れて中火で熱し、あたたまってきたら3の鶏肉だけを取り出してならべ入れる。
強火で表面をよく焼いたら弱火にし、ふたをして5分ほど焼く。ふたをとって3の袋に残ったたれを加える。中火にしてさいばしで裏返しながらたれを煮つめ、肉にからめて焼く。

5 もりつける
鶏肉の持ち手の部分にアルミはくを巻く。器にリーフレタスをしいて、もりつける。

パート4 おうちでパーティーメニュー

マッシュポテトツリー

材料

【4人分】
- じゃがいも ……………… 4個
- バター ………………… 大さじ4
- 牛乳 …………………… 120ml
- 塩 ……………………… 小さじ1
- こしょう ……………………… 少々
- ブロッコリー ……………… 1/2株
- パプリカ（黄、赤）……… 各1/2個
- ヤングコーン ……………… 2本
- 塩（野菜をゆでるとき用）…… 小さじ1/4

つくり方

1 じゃがいもを加熱し、つぶす

じゃがいもは皮をむいてひと口大に切り、耐熱ボウルに入れてふんわりとラップをかけ、電子レンジで3分加熱する。あたたかいうちにフォークなどでつぶし、バターを加えてよくまぜる。牛乳を少しずつ加えてかたさを調節し、塩、こしょうで味つけする。

2 ブロッコリーを切る

ブロッコリーはくきの部分に包丁を入れて、手でさいて小房に分ける。

3 野菜をゆでる

鍋に湯をわかして塩を加えて、2を入れて2分ほどゆでる。とちゅうで2色のパプリカも加え、さっとゆでる。ゆであがったらざるに上げ、水けをきる。パプリカは星型でぬく。ヤングコーンは5mm厚さの輪切りにする。

4 もりつける

器に1をのせ、ラップでツリーの形にととのえ、野菜をかざる。

215

パート4 おうちでパーティーメニュー

かぼちゃパイ

材料

【4人分】
- 冷凍パイシート（長方形のもの）… 4枚
- かぼちゃ ……………………… 200g
- 合いびき肉 …………………… 100g
- 玉ねぎ ………………………… 1/4個
- トマトケチャップ ………… 大さじ3
- カレー粉 …………………… 小さじ1
- 塩、こしょう ……………… 各少々
- サラダ油 ………………… 大さじ1/2
- 卵白 …………………………… 1個分
- 卵黄 …………………………… 1個分
- 水 …………………………… 小さじ1

冷凍パイシートは室温において解凍しておいてね！

つくり方

1 かぼちゃを切る

かぼちゃは種とわたをスプーンで取りのぞき、皮を包丁で切り落とす（かざりに使うのでできるだけ大きく残しておく）。小さめに切って耐熱ボウルに入れ、ラップをかけて電子レンジで2〜3分加熱する。

2 玉ねぎを切る

玉ねぎは縦に切り込みを入れ、端から切ってみじん切りにする。

切った玉ねぎをまな板の上に広げて、さらに包丁でたたくようにして切ると細かくなるよ！

3 玉ねぎ、肉を炒める

フライパンにサラダ油を入れて中火で熱し、玉ねぎを入れて木べらで炒める。しんなりしてきたらひき肉を加えて炒める。

4 カレー粉を加える

肉の色が変わったらトマトケチャップ、カレー粉を加えて炒め合わせる。

5 かぼちゃを加える

1を加えて炒め合わせ、塩、こしょうで味をととのえる。バットなどに取り出し、よく冷ます。

6 パイシートをのばす

まな板の上に小麦粉（分量外）をふり、冷凍パイシートをのせてめん棒でのばす。半分に切って2枚1組にする。片方をひとまわり大きくするために、もう一度めん棒でのばす。

> パイシートがくっつかないように、小麦粉をふっておこうね。

7 パイシートで具を包む

組み合わせた小さいほうのパイシートに5を等分にのせ、ふちに卵白をぬる。大きいほうのパイシートをかぶせ、ふちを手で押しながらくっつける。

8 かぼちゃの形に切り取る

パイのまわりを小さい包丁を使って切り取り、かぼちゃの形にする。

9 パイのふちをとじる

ふちをフォークで押してしっかりとじる。

> オーブンを200度にあたためはじめる。

10 卵黄をぬって焼く

オーブンの天板にオーブンシートをしいて9をならべ、分量の水をまぜた卵黄をぬる。かぼちゃの皮をキッチンばさみなどで切って目や口をつくり、パイにはりつける。200度のオーブンに入れて20～25分焼く。

> かぼちゃの皮をはりつけるかわりに、焼き上がったあと、ケチャップで顔を描いてもいいわよ！

クラムチャウダー

材料

【4人分】
- シーフードミックス ………… 150g
- じゃがいも …………………… 1個
- 玉ねぎ ………………………… 大 1/4 個
- バター ………………………… 20g
- 小麦粉 ………………………… 大さじ 3
- 牛乳 …………………………… 600ml
- 塩 ……………………………… 小さじ 3/4
- にんじんの薄い輪切り
  (ゆでたもの・かざり用) …… 4枚

つくり方

1 野菜を切る

じゃがいもは皮をむき、1cm角に切る。
玉ねぎも同じくらいの大きさに切る。

2 野菜を炒める

中

鍋にバターを入れて中火に熱し、1を入れて炒める。

パート4 おうちでパーティーメニュー

3 シーフードを炒める

玉ねぎがしんなりして、じゃがいもが透明になってきたら、シーフードミックスを加えて炒め合わせる。

4 小麦粉を加える

シーフードミックスの色が変わってきたら、小麦粉を加えて全体になじませる。

5 牛乳を加える

牛乳を加えて弱火にし、ときどきかきまぜながら、じゃがいもがやわらかくなり、とろみがつくまで煮る。塩で味をととのえる。

6 もりつける

器にもり、にんじんをかぼちゃ型でぬき、スープの上にのせる。

具に小麦粉をよくなじませておくのがコツ。牛乳を加えて煮ると、ほどよいとろみがつくのよ。

カラフルピンチョス

ひと口サイズのピンチョスをつまみながらおしゃべりしちゃお★

レベル ★★☆
調理 60分

ビーフストロガノフ

バースデーパーティーメニュー

パート4 おうちでパーティーメニュー

カラフルピンチョス

材料

【4人分】

トマトバーガー
- プチトマト ……………… 4個
- ハム ……………………… 1枚
- プロセスチーズ ………… 20g
- グリーンリーフ ………… 適量

ポテト&ウインナー
- ウインナーソーセージ ……… 4本
- じゃがいも ……………… 1〜2個
- 塩 ………………………… 少々
- パセリのみじん切り ……… 適量
- サラダ油 ………………… 適量

ミートボール&ズッキーニ
- ミートボール（24ページを見てね）
  …………………………… 4〜8個
- ズッキーニ ……………… 1本
- 枝豆（冷凍）…………… 適量
- 塩、こしょう …………… 適量
- サラダ油 ………………… 少々

つくり方

1 トマトバーガーをつくる

ハムとチーズはトマトの大きさに合わせて四角く切る。グリーンリーフを小さくちぎる。トマトはヘタを取って横半分に切り、間にチーズ、ハム、グリーンリーフをはさんでピックをさしてとめる。

2 じゃがいもを切る

じゃがいもはよく洗い、皮つきのまま厚さ1cmの輪切りにしてから、1cm幅の細切りにして棒状にする。

3 じゃがいもを揚げ焼きにする

フライパンに1cmほどのサラダ油とじゃがいもを入れて中火にかけ、じゃがいもに竹ぐしが通るまで揚げ焼きにする。網などに取り出して油をきり、パセリを全体にまぶす。

やけどに注意
揚げものは、油がはねると危ないから、必ず大人といっしょにやろうね！

4 ポテト&ウインナーをつくる

ウインナーはななめに浅い切り込みを入れる。フライパンにサラダ油少々を入れて中火で熱し、ウインナーを2分ほど炒める。3のじゃがいもにウインナーをのせ、ピックをさしてとめる。

5 ズッキーニを切る

ズッキーニは7～8mm厚さの輪切りにする。

6 ズッキーニを焼く

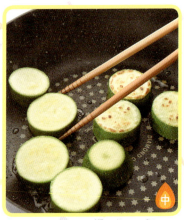

フライパンにサラダ油を入れて熱し、5をならべて1分ほど焼く。焼き色がついたら裏返し、さらに1分ほど焼いて焼き色をつける。塩、こしょうをふって取り出す。

7 ミートボール&ズッキーニをつくる

6の上にミートボールをのせ、枝豆をピックでさしてから、上からさしてとめる。

パート4 おうちでパーティーメニュー

好きな味をポテトにつけて！
味かえフレーバー

アツアツの揚げたてポテトを、袋に入れて
シャカシャカふれば、味つきポテトの完成！
いろいろ試してみてね！

青のりフレーバー

青のりに、ほんの少し塩をまぜたフレーバー。揚げたてのポテトにからめるとおいしいよ。

チーズフレーバー

粉チーズは、かけるだけでコクが出るよ。粗びきの黒こしょうとまぜれば、ちょっと大人っぽい味になるよ！

カレーフレーバー

カレー粉に、ほんの少し塩をまぜたフレーバー。カレー粉はものによってからさが違うので、味をみながら少しずつかけようね。

いろんなフレーバーをつくっておくと楽しそう♪

ビーフストロガノフ

材料

【4人分】
- 牛薄切り肉 ………………… 200g
- 玉ねぎ ……………………… 1個
- にんにく …………………… 1片
- バター ……………………… 15g
- 小麦粉 ……………………… 大さじ2
- A
  - トマトジュース（無添加） ………………………… 400ml
  - ウスターソース ……… 大さじ1
  - みりん ………………… 大さじ1
  - コンソメ ……………… 小さじ2
  - 砂糖 …………………… 小さじ1
- 生クリーム ………… 50～100ml
- 塩、こしょう ……………… 各適量
- ごはん（あたたかいもの）……… 600g
- パセリのみじん切り（あれば）… 適量

つくり方

1 玉ねぎ、にんにくを切る

玉ねぎは縦半分に切り、薄切りにする。
にんにくはみじん切りにする。

2 玉ねぎを炒める

フライパンにバターを入れて中火にかけ、
とけてきたら玉ねぎを入れて炒める。

パート4 おうちでパーティーメニュー

3 肉を炒める

玉ねぎがしんなりしてきたら、肉を加えて炒める。

4 小麦粉を加える

肉の色が変わったら小麦粉を加えて炒め合わせる。

5 Aと生クリームを加える

粉っぽさがなくなったらAの材料を加えて7〜8分煮る。生クリームを加えてさらに2〜3分煮て、塩、こしょうで味をととのえる。

6 もりつける

器にごはんをもり、5をかける。あればパセリをちらす。

227

たこ焼きパーティー！

レベル ★★☆
調理 30分

たこ焼き器を囲んで
みんなでワイワイつくると楽しい！
アメリカンドックも丸くてかわいいね★

たこ焼き

プチアメリカンドッグ

パート4 おうちでパーティーメニュー

たこ焼き

材料

【つくりやすい分量・約20個分】

ゆでだこ	150g
細ねぎ	10本
紅しょうが、揚げ玉	各適量
小麦粉	150g
卵	2個
水	300ml
めんつゆ（3倍濃縮）	大さじ2
かつおぶし、青のり	各適量
お好み焼きソース	適量

つくり方

1 水とめんつゆをまぜる

ボウルに分量の水とめんつゆを入れ、泡だて器でまぜる。

ここで味を確認してみて。ちょっと薄いかなーと思うぐらいがちょうどいいよ。

2 生地をつくる

卵を加えてまぜ、小麦粉を2〜3回に分けて加え、そのつどよくまぜ合わせる。

> 小麦粉は1度に全部入れずに、少しずつ加えて、そのつどまぜ合わせるとダマができずに、きれいにまざるよ。

3 たこを切る

たこは1〜2cm幅に切る。

4 ねぎと紅しょうがを切る

ねぎは小口切りに、紅しょうがはみじん切りにして、それぞれ小さな容器に入れておく。

パート4 おうちでパーティーメニュー

5 たこ焼き器をあたためる

たこ焼き器にサラダ油をキッチンペーパーなどを使って薄くぬり、スイッチを入れてあたためる。

> 油をぬるのはスイッチを入れる前よ。

6 生地と具を入れる

あたたまったら2をくぼみいっぱいに流し入れ、ねぎ、紅しょうが、揚げ玉をちらし、たこを入れる。

> 生地がかたまってこないうちに、手早く具を入れていこうね。

> ミユちゃんは紅しょうがと揚げ玉担当ね！ 私はねぎとたこを入れていくね。

7 焼く

竹ぐしなどを使って、くぼみのふちをぐるりとなぞるようにしてひっくり返す。はみ出た生地は、くぼみの中に押し込み、竹ぐしでころがしながら丸く焼く。

> どうすれば、うまく丸い形になるの？

> 生地がかたまらないうちに、竹ぐしを使ってひっくり返そう。1度にひっくり返せなくても大丈夫！ 竹ぐしで少しずつ動かして、ころがすようにすると丸くなるわよ！

8 もりつける

器に取り出し、ソースをぬり、かつおぶし、青のりをかける。

プチアメリカンドッグ

材料

【つくりやすい分量・約20個分】
- ウインナーソーセージ ····· 6～7本
- ホットケーキミックス ········· 200g
- 卵 ··································· 1個
- 牛乳 ······························· 150ml
- サラダ油 ···························· 適量
- トマトケチャップ ················ 適量

つくり方

1 ウインナーを切る

ウインナーは1～2cm幅に切る。

たこ焼き器のくぼみに入る大きさに切ろうね。

パート4 おうちでパーティーメニュー

2 生地をつくる

ボウルにホットケーキミックス、卵、牛乳を入れ、泡だて器でまぜ合わせる。

3 生地とウインナーを入れる

たこ焼き器にサラダ油をキッチンペーパーなどを使って薄くぬり、スイッチを入れてあたためる。あたたまってきたら、2を流し入れ、ウインナーを入れる。

4 焼く

竹ぐしなどを使って、くぼみのふちをぐるりとなぞるようにしてひっくり返す。はみ出た生地は、くぼみの中に押し込み、竹ぐしで入れて、ころがしながら丸く焼く。

ホットケーキミックスの生地は、少しふくらんでくるよ。生地に完全に火が通る前に竹ぐしでころがしてね！

5 もりつける

器に取り出し、トマトケチャップをそえる。

ワイワイ鍋パーティー！

レベル ★☆☆
調理 30分

大根やにんじんを豚肉といっしょにくるくる巻いてお花のようにすると、見ためが華やかになるよ★

くるくる肉巻き鍋

234

パート4 おうちでパーティーメニュー

材料

【4人分】
- 豚バラ薄切り肉 …… 8〜10枚
- 大根 …… 1/3〜1/2本
- にんじん …… 1本
- 白菜 …… 1/4個
- しめじ …… 1パック
- えのきたけ …… 1袋
- サラダほうれんそう（あれば）… 適量
- スパゲッティ …… 3〜4本
- A｜水 …… 600〜800ml
  ｜和風だしの素 …… 小さじ1〜2

つくり方

1 大根、にんじんをけずる

大根はピーラーで薄くけずる。にんじんも同じようにけずる。

2 肉巻きをつくる

1の大根を1〜2枚、豚肉の長さに合わせて広げ、その上に豚肉を1枚のせる。端からくるくると巻いていき、巻き終わりを短く折ったスパゲッティをさしてとめる。同じように4つ大根でつくり、にんじんで同じように5つつくる。

煮ればスパゲッティも食べられるわよ！

3 野菜を切る

白菜は3cm長さのざく切りにする。しめじとえのきたけは根元を切り落とし、ほぐす。

4 鍋に具を入れて煮る

鍋の側面にざく切りにした白菜、きのこ類をつめて、まん中に2を入れる。Aをまぜ合わせて7分目くらいまで注ぎ入れる。しあげにあればサラダほうれんそうをかざる。中火にかけて火が通ったものから食べる。

鍋の大きさに合わせて具やAの量は調整してね。

さけとコーンの豆乳鍋

豆乳スープで煮るマイルドな鍋！みそを入れると味がしまります。

レベル ★☆☆
調理 20分

パート4 おうちでパーティーメニュー

材料

【4人分】
生ざけ	4切れ
白菜	1/4個
しめじ	1パック
えのきたけ	1袋
しいたけ	4〜6個
豆腐	1丁
ホールコーン	大さじ4
豆乳	400〜600ml
水	400〜600ml
めんつゆ（3倍濃縮）	大さじ4〜5
みそ	大さじ1〜2
バター	20g

つくり方

1 具を準備する

生ざけは1切れを2〜3つに切る。白菜は3cm長さのざく切りにする。しめじとえのきたけは根元を切り落とし、ほぐす。しいたけはじくを取り、かさに十字に切り込みを入れてかざりをつける。豆腐は食べやすい大きさに切り分ける。

2 スープ、具を入れる

鍋の高さ1/3くらいまで豆乳を入れ、同じ分量くらいの水を入れる。めんつゆを少しずつ入れて味をととのえ、みそを少し加える。1の具を入れて中火で煮る。具に火が通ってきたら、コーン、バターをのせてさっと煮る。

鍋の大きさに合わせて、豆乳と水は同じ量ずつ入れてね。具やスープが全部入らなければ、とちゅうで足しながら食べてね。

237

パート4 おうちでパーティーメニュー

カレー風味からあげ

材料

【4人分】
鶏もも肉 ………… 2枚（600〜650g）
A
- 卵 …………………………… 1個
- おろしにんにく ………… 1片分
- カレー粉 ………………… 大さじ1
- しょうゆ ………………… 大さじ1
- 塩 ………………… 小さじ1弱
- こしょう ………………… 少々

片栗粉 ………………………… 適量
揚げ油 ………………………… 適量

つくり方

1 鶏肉に下味をつける

鶏肉は余分な脂を取りのぞき、2cm幅に切る。ボウルに入れ、Aを加えて手でよくもみ込み、20分以上ほどおいて味をなじませる。

2 片栗粉をまぶしつける

バットに片栗粉を入れ、1の汁けをきって片栗粉をまぶしつける。

3 揚げる

フライパンに揚げ油を1cmほど入れて中火で1分ほど熱したら、1度火を止める。2を手でギュッとにぎって形をととのえてから重ならないように油に入れる。再び中火にかけ、きつね色になるまでころがしながら揚げる。網の上に取り出して、油をきる。

やけどに注意

揚げものは、油がはねると危ないから、必ず大人といっしょにやろうね！

油は火にかけたままだと温度が上がってしまうので、鶏肉を入れる前に1度火を止めておくとあわてずに作業ができるよ！

スティックおにぎり

材料

【各4本分】

梅おかかおにぎり

- ごはん(あたたかいもの) … 320～400g
- 梅干し … 2個
- A | かつおぶし … 4g
  | しょうゆ … 大さじ1/2
- 焼きのり … 適量
- スライスチーズ … 適量

アスパラベーコンおにぎり

- ごはん(あたたかいもの) … 320～400g
- グリーンアスパラガス … 2～4本
- ベーコン … 2枚
- 塩 … 適量

つくり方

1 梅おかかをつくる

梅干しは種をのぞいて包丁で細かく切り、小さな容器に入れてAとまぜ合わせる。

2 梅おかかごはんをつくる

ボウルにごはんを入れ、1を加えてまぜ合わせる。

パート4 おうちでパーティーメニュー

3 スティック状ににぎる

ラップを広げて2の1/4量をのせ、細長いスティック状ににぎり、キャンディを包むようにして形をととのえる。

4 のりを巻き、チーズをかざる

半分から下にのりを巻き、星型でぬいたチーズをかざる。

5 アスパラとベーコンを焼く

アスパラガスは根元のかたい部分とハカマをのぞき、半分に切る。ベーコンは長ければ半分に切る。フライパンにベーコンとアスパラをならべて中火にかけ、焼き色がつくまで2〜3分焼く。

6 おにぎりをつくる

ラップを広げてごはんの1/4量をのせ、アスパラガスがまん中にくるようにごはんで包み、キャンディを包むようにして形をととのえ、軽く塩をふる。

7 ベーコンを巻く

ベーコンは横半分に切り、6の端に巻きつける。

にぎり終わったら、もう一度ラップで包んでから、おべんとう箱につめてもいいわね。

かにかま卵焼き

材料

【4人分】
- 卵 ················ 4個
- 砂糖 ············ 小さじ2
- しょうゆ ········ 小さじ1
- 塩 ················ 少々
- 焼きのり ········ 1枚
- かに風味かまぼこ ···· 8本
- サラダ油 ········ 適量

つくり方

1 卵液をつくる

ボウルに卵を割り入れてほぐし、砂糖、しょうゆ、塩を加えよくまぜる。

2 かにかまをのりで巻く

焼きのりを半分に切って横長に広げ、かにかまを2本ずつ重ねてむかい合わせて4本のせ、端から巻く。もう1つ同じようにつくる。

3 卵焼きをつくる①

卵焼き用フライパンにサラダ油を薄くひいて中火にかけ、あたたまってきたら1を1/4量流し入れ、2を端にのせ、くるくると巻いていく。

4 卵焼きをつくる②

3をむこう側に寄せ、1/4量の卵液を流し入れる(寄せた卵の下にも流し入れる)。端からくるくると巻く。残りの卵液でもう1つ同じようにつくる。よく冷ましてから、食べやすい大きさに切る。

パート4 おうちでパーティーメニュー

スナップえんどうのチーズあえ

材料 【4人分】
スナップえんどう ………… 10〜12本
カッテージチーズ ………… 大さじ3
塩 ………… 適量

つくり方

1 スナップえんどうのスジを取る

スナップえんどうはスジを取りのぞく。

2 ゆでて味つけする

鍋に湯をわかし、塩少々を加え、1を入れて1分ほどゆでる。ざるに上げ、水けをきる。冷めたら半分に切る。ボウルにカッテージチーズとともに入れてまぜ合わせ、塩で味をととのえる。

梅きゅうり

材料 【4人分】
きゅうり ………… 1本
梅干し ………… 1個

つくり方

1 きゅうりを切る

きゅうりはおべんとう箱の深さに合わせた長さに切り、切り口に十字に切り込みを入れ、かざり切りにする。

2 梅をのせる

梅干しは種をのぞいて包丁で細かく切り、1のまん中にのせる。

243

パート4 おうちでパーティーメニュー

グレープフルーツゼリー

材料

【4〜5個分】

グレープフルーツ		3個
A	ゼラチン	10g
	水	大さじ4
砂糖		大さじ4
水		約100ml

つくり方

1 ゼラチンをふやかす

小さな容器にAの水を入れてゼラチンを加え、ふやかす。

ゼラチンはふやかしておくほうが、きれいにとかせるわよ！

2 果肉を取り出す

グレープフルーツは横半分に切り、包丁で果肉をまわりに切り込みを入れる。ボウルにスプーンなどで果肉を取り出す。

3 皮をきれいにする

皮を型として使うので、スプーンで内側をきれいにする。

4 果汁を取り出す

2をざるでこし、果肉もつぶして果汁を取り出す（果汁はだいたい400mlくらいになる）。

245

5 ゼラチンをとかす

小鍋に分量の水と砂糖を入れて中火にかけ、沸とう直前で火を止める。1を加えてまぜ合わせる。

ゼラチンは70度以上の温度になると、かたまりにくくなってしまうので、沸とう直前で火を止めてね。

6 果汁を加える

ゼラチンがとけたらボウルに移し、果汁を加える。ボウルの底を氷水にあて、ゴムべらでまぜながら、とろみがつくまで冷やす。

7 型に入れて冷やす

3に6を注ぎ入れ、冷蔵庫で1時間ほど冷やしかためる。

パート4 おうちでパーティーメニュー

オレンジゼリー

材料

【容量80mlのカップ約4個分】
- オレンジジュース（果汁100%） …… 250ml
- A | ゼラチン …… 5g
    | 水 …… 大さじ3
- 砂糖 …… 大さじ3

つくり方

1 ゼリー液をつくる

245ページと同じようにしてゼラチンをふやかす。小鍋にオレンジジュース、砂糖を入れて中火にかけ、あたたまったら火を止め、ふやかしたゼラチンを入れ、ゴムべらでまぜてとかす。

2 型に入れて冷やす

ゼリー液をボウルに移し、246ページの6と同じようにして冷やす。型に注ぎ入れ、冷蔵庫で1時間ほど冷やしかためる。型を熱湯にさっとつけてから、器にひっくり返して型をはずす。

みかんカルピスゼリー

材料

【容量80mlのカップ約4個分】
- カルピス …… 100ml
- 水 …… 200ml
- A | ゼラチン …… 5g
    | 水 …… 大さじ3
- みかん（缶詰） …… 16〜20粒

つくり方

1 ゼリー液をつくる

245ページと同じようにしてゼラチンをふやかす。小鍋にカルピスと分量の水を入れて中火にかけ、あたたまったら火を止め、ふやかしたゼラチンを入れ、ゴムべらでまぜてとかす。

2 型に入れて冷やす

ゼリー液をボウルに移し、246ページの6と同じようにして冷やす。型にみかんをならべてからゼリー液を注ぎ入れ、冷蔵庫で1時間ほど冷やしかためる。型を熱湯にさっとつけてから、器にひっくり返して型をはずす。

\どうして？/ \どうやる？/
みんなのギモンにお答えします！
お料理Q&A

Q1
はじめてつくるときに、気をつけることは？

A1
まずはレシピどおりにつくってみて。材料をそろえて分量をきちんとはかり、つくり方を見ながら、火加減に気をつけて料理していきましょう。つくり方は料理をはじめる前に、一度読んでおくとスムーズに作業できるわよ。

Q2
ボウルの数が足りないときは、どうしたらいい？

A2
器や鍋など、かわりになるものを探してみよう。探すときは大きさがちょうどよく、軽いもののほうが使いやすいよ。電子レンジを使うときは、レンジ加熱できる器を選んでね。

Q3
フライパンや鍋の大きさは、どれくらいがいいの？

A3
材料を切ってみて、全部の材料が入るぐらいの大きさが理想的。ちなみに４人分ならフライパンは２６㎝、鍋は２２〜２４㎝が大きさのめやすです。

Q4
じょうずに切れません！

A4
切る前にレシピを見て、大きさや形を確認してから、落ち着いて切り始めてみて。少しくらい形が違っていても、あまり気にしないでだいじょうぶ！

Q5 油がはねないようにするには、どうしたらいいの？

A5
食材に水けが残っていると、油がはねやすくなります。フライパンや鍋に入れるときはふきっとってからにしよう。揚げものなど油をたくさん使う料理は、必ず大人の人といっしょにやってね。

Q6 調味料を入れすぎちゃった！どうすればいい？

A6
煮ものの場合は、煮汁に水を少し加えて調節してみて。炒めものの場合は、別のフライパンで味をつけずに野菜を炒めてまぜるといいよ。

Q7 「落としぶた」って何のためにするの？

Q8 お料理じょうずになるヒケツはありますか？

A7
煮汁を全体に行きわたらせるために使うのよ。木製や耐熱シリコン製の落としぶたが市販されています。アルミ箔やクッキングペーパーを丸く切って、まん中に穴をあけて使っても。

A8
なんどもつくると、自然にじょうずになるわよ。たとえうまくいかなくても、次につくるときはどこに気をつけたらいいかを考えると、どんどん上達するはず！ あとは、お店で食べるときにも、どうやってつくるのかな？ と興味をもって食べるといいね。

料理じょうずへの第一歩！切り方マスター

この本のレシピに出てきた、いろいろな切り方を解説するよ。
材料は切り方によって、火の通り方が違ってくるので、
大きさや厚さに気をつけて切るのがポイントだよ！

輪切り

にんじん、大根、ウインナーなど、棒状の材料を端から厚みをそろえて切る。

半月切り

にんじん、大根など、棒状の材料を縦に半分に切ったあと、端から厚みをそろえて切る。

いちょう切り

半月切りで縦半分に切った材料を、さらに縦に半分に切ったあと、端から厚みをそろえて切る。

ななめ切り

きゅうりや長ねぎなど、細い棒状の材料を、端からななめに厚みをそろえて切る。

くし形切り

玉ねぎ、トマトなど、ボール状の材料を6～8つの等分に切る。

玉ねぎの場合

上下を切り落とし、縦半分に切ってさらに3～4等分に切る。

トマトの場合

包丁の刃先でヘタをくりぬいて、縦半分に切ってさらに3～4等分に切る。

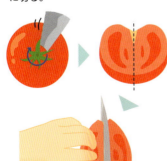

乱切り

にんじん、ごぼう、きゅうりなど、棒状の材料を少しずつまわしながらななめに切る。

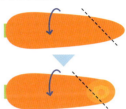

材料が太い場合は…

大根やれんこんなどを乱切りにするときは、縦半分やさらに半分の4つに切って細い棒状にしてから切るといいよ。

下準備のQ&A

じゃがいもの芽はどうして取るの？

じゃがいもの芽には体によくない成分がふくまれているので、皮をむいたあと、包丁の刃元を芽のところに入れ、くりぬくように取りのぞこう。

せん切り

ごく細く切る。

キャベツの場合

葉を1枚ずつはがして芯を切り取る。

葉を何枚か重ねて丸め、端から細く切る。

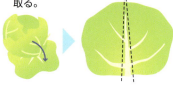

にんじんやきゅうりの場合

薄いななめ切り（252ページ）にする。

薄切りを何枚か少しずらして重ね、端から細く切る。

みじん切り

5mm角くらいに細かく切る。

玉ねぎの場合

上下を切り落とし、縦半分に切る。

半分に切った玉ねぎに、縦に細く切り込みを入れる。

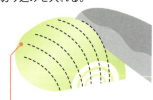

最後まで切らずに少し残しておくとバラバラにならずに切りやすいよ。

さらに横にも3～4本切り込みを入れる。

端から切って細かくする。

長ねぎの場合

縦に5〜6本切り込みを入れる。

端から切って細かくする。

にんじんやきゅうりの場合

せん切り（254ページ）にしたものをそろえて、端から切って細かくする。

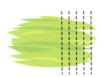

セロリの場合

縦に細切りにする。

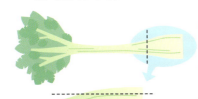

細切りにしたものをそろえて、端から切って細かくする。

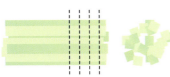

下準備のQ&A

野菜のアクって、なあに？

肉を煮たときに出る茶色い泡のようなものをアクというけれど（33ページ）、野菜の苦みやしぶみもアクというよ。どちらも料理の味を落とすので、しっかり取ろう。ごぼうやなすなどは、切ったあとに水につけてアクを取るよ。

著者　**ほりえさちこ**

料理研究家・栄養士・フードコーディネーター。テレビや雑誌、企業のサイトを中心に、素材の味を生かしたかんたんでつくりやすいレシピを提案している。飾り巻きずしやパーティーメニューなど、アイデアあふれるレシピを得意としている。

著者　**大瀬由生子**［おおせ　ゆうこ］

料理研究家・テーブルコーディネーター・フードコーディネーター。大学や企業、カルチャーセンターなどで講師を勤め、レストランの商品開発、イベントなどでも活躍中。また、親子クッキング、小学校の講演など、食育にも積極的に取り組んでいる。
（料理制作協力／園本愛美、半場裕美、窪谷美幸、園本琴子）

撮影	原田真理、臼田洋一郎
まんが・キャラクター	夏芽もも
スタイリング	渥美友理（※新レシピ分）
撮影協力	UTUWA
	〒151-0051　渋谷区千駄ヶ谷 3-50-11 明星ビル1F
	☎ 03-6447-0070
デザイン	棟保雅子
DTP	株式会社 センターメディア
校正	福本恵美（夢の本棚社）
編集協力	石田純子

※本書は、当社刊『ミラクルたのしい! はじめてのお料理レッスン』（2013年9月発行）に新しいレシピを加えて再編集し、書名・価格等を変更したものです。

ミラクルハッピー
はじめてのお料理レシピDX

著　者	ほりえさちこ、大瀬由生子
発行者	若松和紀
発行所	株式会社 西東社
	〒113-0034　東京都文京区湯島 2-3-13
	https://www.seitosha.co.jp/
	電話　03-5800-3120（代）

※本書に記載のない内容のご質問や著者等の連絡先につきましては、お答えできかねます。

落丁・乱丁本は、小社「営業」宛にご送付ください。送料小社負担にてお取り替えいたします。本書の内容の一部あるいは全部を無断で複製（コピー・データファイル化すること）、転載（ウェブサイト・ブログ等の電子メディアも含む）することは、法律で認められた場合を除き、著作者及び出版社の権利を侵害することになります。代行業者等の第三者に依頼して本書を電子データ化することも認められておりません。

ISBN 978-4-7916-2380-8